21세기에 외치는 대한 독립 만세

그때를 아십니까?

21세기에 외치는 대한 독립 만세

그때를 아십니까?

파란마을 시리즈 11
초판 1쇄 인쇄일 | 2015년 01월 15일
초판 1쇄 발행일 | 2015년 01월 20일

글쓴이 | 차승우
펴낸이 | 차재현
펴낸곳 | 도서출판 파란하늘
주　소 | 서울시 마포구 월드컵북로 5길 21 (서교동, 한일빌딩 201호)
전　화 | 02) 701-0443
팩　스 | 02) 701-0453
이메일 | road-68@hanmail.net

등록번호 | 제313-2004-000275호

이 책은 저작권법에 의해 보호를 받는 저작물이므로 도서출판 파란하늘의 동의 없이
이 책에 실린 글과 그림을 복제하거나 전산장치에 저장·전파할 수 없습니다.

잘못된 책은 구입처에서 교환해 드립니다.
책값은 뒤표지에 있습니다.

표지·본문 | *design*窓
ⓒ 도서출판 파란하늘
ISBN 978-89-92417-39-6 (73910)

그때를 아십니까?

21세기에 외치는 대한 독립 만세

차승우 지음

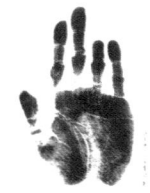

차례

이 책을 읽기 전에	006
1. 시작하며	009
2. 19세기 급변하는 세계와 조선	017
3. 독립을 꿈꾸며	039
1) 침략의 원흉을 저격하다 – 안중근	042
2) 국민을 일깨워라 – 안창호	058
3) 전쟁 수행을 저격하라 – 윤봉길	073
4) 3·1만세운동 – 유관순	088
5) 대한민국 임시 정부 – 김구	098
4. 우리에게 남겨진 숙제들	109
5. 맺음말	119

機械에 ... 패가 있고 뼈가 있어 깨나 받았으니 朝鮮을 爲하야 勇敢한 鬪士 되나니 … 神에 獻身을 놈의다 … 본 무엇 알 헤치러 … 엇 한갈 … 들을 부러 노으라 … 거 넓이 들은 아니 엷음을 늘리 … 거떤어라 사람 한다 어내 가 있으니 西洋大學史上 모르 … 在 洋大學史上 모르 … 大學슨 호저 가 있고 韓國 佛國 革命으로 나프레 … 있고 東國에 黎明으로 地方이 이 … 건대 벗어 내어 눈 그어 내 가되 … 눈 그어 나 한다리라

이 책을 읽기 전에

"끝나지 않은 한일관계, 그리고 우리에게 던지는 메시지!"

최근 계속되고 있는 일본 우익들의 망언과 역사 부정을 보면서, 잊혀가는 우리 아픈 역사가 떠올랐습니다. 우리 역사의 치욕스러운 사건이 있고 100년이 넘었지만, 우리는 왜 아직까지 일본의 행동에 분노하고 있는가를 우리 아이들에게 알려주고 싶었습니다.

왜구의 이름으로 남해안을 침탈하고, 임진왜란을 통해 조선 침략의 야욕을 드러냈습니다.

그리고 19세기 말, 일본의 조선 침략은 성공하기에 이릅니다. 그런데 이 가깝고도 먼 이웃나라가 또다시 우리를 무시하는 행동을 하고 있습니다.

그래서 이 책을 통해 일본의 본심을 알아보고 다가올 미래를 대비하고자 합니다.

이는 힘이 없는 나라가 어떻게 되는지를 우리 역사를 통해 알려주고, 우리가 나아갈 바를 고민하고자 기획되었습니다.

지극히 감추고 싶고 어두운 주제를 다룬 책이지만, 당시 목숨을 걸고 싸웠던 사람들을 통해 우리에게 메시지를 전하고자 했습니다.

이렇게 탄생하게 된 이 책은 '21세기에도 끝나지 않는 독립운동'으로 불리고 싶습니다.

"잊지 마라! 그들이 꿈 꾼 대한민국을…"

    일본의 망언과 역사 부정을 통해, 약 100여 년 전에 있었던 일제강점기를 다시 돌아보고 경각심을 일깨우고자 한 책입니다.
    일본 우익을 대표하는 아베 총리의 망언을 통해, 그들의 생각을 추리해보고자 했으며, 19세기 말 세계의 흐름과 일본의 조선 침략을 위해 어떤 행동을 취했는지 그 과정을 간략하게 소개합니다. 또한 급변하는 세계의 흐름 속에서 조선의 임금과 리더들이 보인 행동들도 짚어 봅니다.
    그리고 자신의 목숨을 조국에 바친 독립 운동가들을 통해 우리 아이들의 나아갈 길을 제시하고자 했습니다.
    국민을 일깨우고자 한 안창호 선생님, 리더십을 통해 임시정부를 이끈 김구 선생님, 3·1만세운동과 침략의 원흉을 저격한 안중근과 윤봉길 등을 통해, 우리의 나아갈 길을 가름해 보고자 했습니다.
    독립을 위해 몸을 바친 의사와 열사들을 소개하고, 다시는 침략을 당하지 않게 마음을 다잡는 계기를 제공하고자 했습니다.

1
시작하며

2013년 일본 아베 정권의 망언(발)이 우리를 비롯한 주변국들을 자극하고 있어요.

20세기 초반(1900년대)에 이뤄진 침략으로 헤아릴 수 없는 사람들을 죽음과 고통으로 몰고 간 전쟁과 그로 인한 특정 피해사례들에 대해 부정과 변명으로 일관하고 있기 때문이에요.

특히 우려스러운 것은, 자국의 헌법 개정을 통해 군사력을 증강하고 판단에 따라 공격도 할 수 있도록 추진하고 있다는 점이에요.

이런 현상은 일본의 자민당 내 극우세력 등을 중심으로 이뤄지고 있는데, 가장 두드러진 것 중의 하나가 침략 전쟁을 부정하는 것이지요.

자신들은 전쟁에서 패했기 때문에 패자일 뿐, 전쟁을 주도하고 그 부수적으로 이뤄진 결과는 인정할 수도 없고 모른다는 식으로 발뺌하고 있다는 것입니다.

더욱 심각한 것은 극우세력의 생각을 반영한 교과서 개정을 통해 잘못된 역사를 배우고 있는 일본의 미래 세대들이에요.

우리나라와 관련된 내용 중에는 '삼국시대 때 자신들이 한반도를 200년 동안 지배(임나일본부설)했었다.', '독도를 자기네 땅이라고 우기거나, 강제 동원된 위안부 등은 없었다.' 같은 내용이에요.

역사를 조작(임나일본부설)하고 일본이 인정(19세기 전쟁 전에 일본 정부에서 한국 땅이라고 인정한 문서)했던 독도를 역사적으로 자기네 땅이라고 우기는 것, 거짓말에 속고 강제로 군대 위안부로 끌려간 사람들이 있는데도, 인정하지 않는 사실들을 일본 젊은 세대들이 잘못 배우고 있다는 것은 앞으로 심각한 문제와 오해를 불러일으킬 수 있어요.

아베 정권의 역사 부정 사례를 몇 가지 소개하자면 다음과 같아요.

"위안부를 강제로 동원한 적 없다."
고노 담화를 통해 사죄한 일본 정부 발표를 아베 정부가 부정한 말이에요. 고노 담화는 일본군 위안부 문제에 대해 일본 정부의 조사 결과에 따라 1993년 8월 4일 고노 당시 관방장관이 발표한 담화로, 군 위안부 동원의 강제성을 인정하고 사죄한 것이에요.

"당신들이 전범이라고 하는 사람들은 우리 입장에서는 애국자다."
전쟁이 끝난 후 도쿄재판(전쟁범죄자 재판)에서 처벌받은 일본인 전범이 국내법으로는 범죄자가 아니라는 우익의 주장을 대변한 것으로 볼 수 있어요.
아베 총리는 지난해 3월 도쿄재판에 대해 "연합국 측이 승자의 판단에 따라 단죄했다"고 말했어요.
그다음 달에는 "침략의 정의는 정해져 있지 않다"고 주장했어요.

이 밖에도 주변국을 자극하는 행동으로 전 세계로부터 지탄을 받고 있는 야스쿠니 신사 참배예요. 2013년 12월 26일 일본의 아베 총리는 야스쿠니 신사를 참배했어요. 평소 참배하지 못한 것을 '천추의 한'이라 말하면서 자국의 헌법을 위반하면서까지 강행한 것이지요.

2005년 오사카 고등법원이 정치·종교 분리원칙에 따라 총리의 야스쿠니 신사 참배는 공적 업무로 헌법에 어긋난다는 판결을 내린 바 있어요. 그런데도 이를 무시하고 강행한 것이지요.

일본 아베 총리 본인도 이를 의식한 듯 기자들에게 "전사자들의 명복을 비는 것은 세계 리더들의 공통된 자세다. 이번 참배는 그 이상도 이하도 아니다."라고 말했어요.

또한, 야스쿠니 신사 참배를 미국의 알링턴 국립묘지 참배와 같다고 말했어요.

망언의 연속이에요.

아베는 "나라를 위해 목숨을 바친 이들을 참배하는 것은 다른 나라와 다를 게 없다."고 주장하지만 과연 그럴까요?

아베가 예로 든 미국의 알링턴 국립묘지에는 국가를 위해 전사한 분들을 모시기 위해 국가에서 지정한 장소지만, 야스쿠니 신사는 평화를 짓밟은 전쟁범죄자(줄여서 '전범'이라고 함)들까지 합사한 특정 종교법인의 시설물일 뿐이에요.

이 두 가지는 근본적으로 달라요.

일본의 A급 전범들은 제2차 세계대전의 나치 전범들과 같아요.

독일은 유대인 학살과 전쟁으로 인한 피해를 보상하고, 사과하며, 반성의 행동들을 취하고 있어요. 그런데 일본은 이 전범들을 추모하는 시설을 도쿄 한복판에 두고, 일본 지도자들이 매년 참배하는 것을 미국의 알링턴 국립묘지 참배에 비유하는 것은 궤변일 뿐이에요.

야스쿠니 신사는 동아시아를 전쟁의 참화로 몰고 간 도조 히데키를 비롯하여 조선 총독으로서 징병·징용·공출 등 각종 수탈통치로 우리 민족에게 형언할 수 없는 고통과 피해를 안긴 '고이소 쿠니아키' 등 용서받을 수 없는 전쟁범죄자들을 합사하고 있는 반역사적 시설물이지요.

이곳은 현재 태평양전쟁 A급 전범 14명을 포함해 246만 6천여 명이 합사돼 있어요.

이런 일본 아베 정권의 행동에 한국, 중국은 물론 미국 정부마저 아베 총리의 야스쿠니 신사 참배에 '실망했다'는 성명을 이례적으로 발표하는 등 외교적인 파장이 커지고 있어요.

2013년 12월 27일에는 EU(유럽연합), 러시아까지 아베 총리의 신사 참배를 비판하거나 우려를 표명했으며 미국의 유대인 단체도 '윤리에 반한다'고 비난하고 나섰어요.

특히 우리와 이웃인 중국의 〈인민일보〉는 "A급 전범이 합사된 야스쿠니 신사를 참배한 것은 일본의 군국주의 침략과 식민통치로 고통받은 이들의 마음에 상처를 내는 것이자 역사적 정의와 인류의 양심을 짓밟는 행위"라며 아베 총리 등 일본 정관계 인사들의 야스쿠니 신사 참배를 비난했어요.

가장 놀라운 발언은 2014년 1월 스위스 다보스포럼에 참석한 아베가 기자들과의 질의응답 중에 나온 본심이에요.

아베 총리는 중국과 일본 간 전쟁이 "상상할 수 있는 것이냐?"는 기자의 질문에 이를 부인하지 않고 양국 간 관계를 제1차 세계대전 직전에 라이벌이었던 영국과 독일 관계에 빗대며 "유사한 상황"이라고 말했어요.

영국과 독일은 교역 관계에도 불구하고 양국 간 전략적 긴장은 1914년에 무력 충돌로 이어졌어요. 아베 총리는 중국과 일본 관계처럼 당시에 영국과 독일도 높은 수준의 무역관계를 맺고 있었다는 점 때문에 이 같은 비유를 들었다고 설명했어요. 그러면서 "돌발적으로 혹은 부주의해서 충돌이나 분쟁이 발생할 수 있다"며 어떤 충돌도 재앙이 될 수 있다는 점도 분명히 했어요.

이 질문을 이끌어 낸 '마틴 울프' 〈파이낸셜타임스〉 수석 논설위원은 이후 기사에서 일본과 중국 사이에 예상치 못한 무력 충돌이 발생할 수 있음을 인정한 아베 신조 일본 총리의 발언에 "충격을 받았다"며 강하게 비판했어요.

울프 위원은 "오늘 아베 총리의 발언을 두 차례 들었다"며 아베 총리가 중국과의 무력 충돌을 상상도 못 할 일은 아니라고 간주하고 있다는 보도에 자신도 동의한다고 말문을 열었어요. 이어 "그것(총리의 발언)은 현실적이며 이 같은 현실감각은 전 세계를 재앙으로부터 보호할 것이다. 하지만 오싹하게 하기도 한다. 무심한 태도로 제1차 세계대전을 언급하는 것을 보고 충격을 받았다"며 "미국은 이 같은 난센스에 더욱 단호하게 조치를 취할 것을 요구한다"고 했어요.

일본은 그동안 헌법 9조에 담긴 '전수방위'(방어를 위한 무력행사만 허용) 원칙에 따라 집단 자위권을 행사할 수 없다는 헌법 해석을 유지해왔지만, 아베 총리는 이 해석을 변경하는 쪽으로 방향을 정하고 추진하고 있어요.
 일본 아베 정권이 내각의 결정만으로 집단 자위권을 행사할 수 있도록 헌법 해석을 변경하는 이른바 '해석개헌'을 추진하고 있는데, 그 내용의 핵심은 다음과 같아요.
 '동맹국 등이 공격받았을 때 자국이 공격받은 것으로 간주하고 내각의 결정만으로 반격할 수 있는 권리.'
 이것은 아베 같은 일본의 우익들이 기회만 주어진다면 언제든지 전쟁을 할 수 있다는 것이며, 이를 위해 군대를 키우겠다고 전 세계에 공표한 것과 마찬가지예요.
 집단 자위권은 아베 총리와 우익 세력들의 숙원인 '전후체제 탈피'와 '보통국가 만들기'를 위한 중대 과업으로 삼는 현안이에요.
 과거에 이뤄졌던 침략전쟁과 그 과정에서 이뤄졌던 만행들을 반성하지 않고, 사과도 하지 않는 일본 지도자들이 또다시 침략의 시나리오를 준비하고 있다는 증거이지요.

이렇듯 일본이 자국의 국민들을 세뇌하고 선동하여 또 다른 침략을 준비하고 있는 상황에서, 우리는 어떻게 해야 할까요?

이 책은 그 해답을 우리 역사에서 찾고자 해요.

2

19세기 급변하는 세계와 조선

조선이 어떻게 왕조의 문을 닫고 일제의 식민지가 되었는지를 파악하기 위해서는 먼저 19세기 이후 조선의 상황을 살펴보아야 하고, 이어 주변 정세를 살펴봐야 해요.

19세기 초반부터 조선 말기까지 1세기 동안의 정치 흐름은 왕권의 유약에서 비롯된 세도정치였어요.

1800년에 조선의 마지막 희망이었던 정조가 죽고 나서 즉위한 순조는 당시 나이가 만 10세였어요. 오늘날로 치면 초등학생인 셈이에요.

1834년 순조가 죽고 나서 즉위한 현종은 당시 나이가 불과 7세였어요.

지금의 초등학교 1학년이라 유치원생 수준이에요. 1849년 현종이 후사 없이 죽자 즉위한 철종은 당시 나이가 18세였는데, 그는 강화도에서 지게를 지고 농사짓던 농부였어요.

왕이 죽자 족보상 왕족의 후손이었던 그는 어느 날 갑자기 명을 받아 한양으로 와서 왕으로 즉위한 것이지요.

나라 꼴이 어떻게 돌아갈지 불을 보듯 뻔한 일이지요?

아무런 개념도 없던 철부지들이 임금의 자리에 앉게 되었으니, 임금의 권한을 대신 행사할 자들이 득실거리기 마련이에요.

이들이 바로 김조순, 김좌근, 김병기, 조만영으로 대변되는 순조·

헌종·철종 3대 '60년간의 세도정치'이지요. 이들은 비변사(조선 중기 이후 의정부를 대신하여 국정 전반을 총괄한 관청)를 장악하여 고위 관직을 독점했으며, 군영을 장악하여 군사력을 자신들의 통제 하에 두었어요. 임금은 독자적인 정치력을 행사하지 못하고 이들 세도가에게 모든 것을 의존할 수밖에 없었어요. 그러다 1863년 철종이 후사 없이 죽으면서 또다시 나이 어린 11세의 고종이 즉위하게 되었어요.

고종이 즉위하면서 척족(성은 다르지만 혈연관계가 있는 사람)에 의한 세도정치가 친족에 의한 세도정치로 바뀌게 되었는데, 그 중심 인물이 바로 고종의 부친인 흥선대원군이에요. 그러나 대원군도 불과 10년 만에 며느리인 민씨와의 세력 다툼에 밀려 권력은 고종의 부인인 민씨 집안으로 넘어가게 되었어요.

통치의 정점인 임금이라는 지위에 앉은 사람들이 워낙 무능력한 나이에 임금이 되었고, 그로 인한 국정 공백을 왕의 척신이나 친족이 대행하다 보니 나라 꼴이 한심하기 짝이 없었어요.

세상은 변화를 갈망하는데, 권력의 정점에 있던 자들은 권력다툼과 자리싸움, 치부에만 열중했던 것이 바로 19세기의 조선 정치와 위정자들의 행태였지요.

세도정치(정치권력을 나누어 사유화한 결과 성립된 통치형태)가 행해졌던 19세기는 봉건체제가 급격히 해체되는 변동기였어요.

농업·상업·수공업 등 각 방면에 걸친 경제적 성장은 조선 사회의 신분 체제에 변화를 가져오기 시작했어요.

양인이나 중인 출신의 부농과 거상들은 관직을 매수하여 양반 행세를 했고, 양반 중에서도 소작농으로 몰락해가는 사람들이 많았으며, 농민 가운데도 농촌을 떠나 일정한 거처 없이 떠도는 사람들이 늘어나고 있었어요. 외척(어머니 쪽 친척)의 세도정치가 행해지면서 나라의 기강이 문란해지자 백성들의 마음은 나라를 믿지 않았어요. 이즈음 연달아 일어난 민란은 그 결과였던 것이지요.

백성들은 점차 격화되어 가는 사회 모순에 저항하기 시작했어요.

1811년 평안도 일대에서 일어난 홍경래의 난, 1862년 진주 민란, 1894년의 동학농민운동은 그중에서도 가장 두드러진 것이었으며, 이 외에도 소규모 민란은 거의 쉴 새 없이 전국적으로 일어났어요. 이러한 농민 항쟁에 대해 세도정권은 봉건 지배체제의 두 축인 지주제와 신분제의 모순을 개혁하지 않고, 단지 현상적인 부세제도(조세의 부과 및 징수에 관련된 제도)의 부분적인 수정을 통하여 이를 무마하려 했으나,

1904년도 마포 나루 전경.

이것마저도 제대로 시행하지 않았어요.

왕조의 문패는 여전히 달려 있었지만, 19세기에 접어들면서 조선은 이미 망조가 들었던 것이에요. 세도정치와 학정에 백성들은 찌들 대로 찌든 삶을 살고 있었지만, 왕실은 물론 나라의 지배층은 그런 사회체제를 극복하려는 자세를 전혀 갖고 있지 않았어요.

임금은 허수아비나 다름없었으며, 세도정치 아래에서 국정을 논단하던 세도가들을 견제할 세력은 세상 어디에도 없었어요.

세도 가문에는 뇌물을 바쳐 관직을 차지하려는 사람들이 줄을 이었으며, 매관매직으로 관직을 차지한 사람들은 그 본전을 뽑기 위해 그 대가를 백성들로부터 거두어들였어요.

삼정(전세·군포·환곡)의 문란은 우연히 일어난 것이 아니지요.

흔히 실학자로 불리는 인물들에게서 봉건 체제의 모순을 극복하려 한 생각들을 더러 볼 수 있어요. 그러나 그들의 주장은 결과적으로 그저 정신만 온전한 선비들의 공허한 외침에 지나지 않았어요. (실학자들의 주장이 정책으로 반영된 경우는 거의 없었다.)

어떤 주장이 세상에 영향을 미치려면 반드시 그에 걸맞은 조직화한 힘이 필요해요. 그런 사회적 힘의 뒷받침이 없는 주장은 울리지 않는 공허한 메아리에 지나지 않는 것이지요.

실학자들도 근본적으로는 유학자들이에요. 유교라는 근본 사고 틀 안에서 세상의 모순에 대해 몇몇 개혁안을 자신의 저서에 제시했다고 해서 세상이 달라질 수는 없지요.

그들의 책을 과연 몇 사람이나 읽어 보았을까요? 읽어본 사람들은 그런 주장들을 현실화하기 위해 과연 어떤 노력들을 했던가요. 그들이 쓴 책은 그들의 죽음과 더불어 모두 잊히고 묻혔으며 20세기 중반에 접어들어서야 세간에 알려지고 연구되기 시작했을 뿐이에요.

급변하는 세계

19세기 중엽을 넘어서면서 세상은 급변하고 있었어요.

서양의 제국주의 물결은 이미 동양에 발을 디뎠으며, 동양에서 그 물결을 막아낼 능력이 있는 나라는 어디에도 없었어요. 그런데도 조선왕조는 이러한 세상의 흐름에 대해 애써 외면했어요. 그 결과 먼저 개국한 일본에 의해 1876년 강화도조약이라는 불평등조약이 맺어졌던 것이지요. 이때라도 조선왕조가 정신을 차렸더라면, 이때부터라도 조선의 지배층이 세상을 내다보는 안목을 가졌더라면 우리의 근현대사가 이렇게 굴곡의 세월을 겪지는 않았을 것이에요. 그러나 조선 왕실은 물론 조선의 지배층은 근대적 인간관에 기초한 새로운 세상을 열어갈 그 어떤 의지도 보여주지 못했어요.

강화도조약 이후부터 1910년 국권침탈(경술국치)까지 34년 동안, 서구 문물의 조사를 위해 일본에 파견된 일본사찰단(1881년)도 있었고, 개화세력에 의한 갑신정변(1884년)도 있었으며, 개화파와 동학농민운동의 요구를 일부 수용한 갑오개혁(1894년)도 있었어요.

또한, 당시의 신지식인과 부르주아 계층이 중심이 되어 조직한 독립협회(1896년) 활동도 있었으며, 러일전쟁 이후 일제가 한국에 대한 군사적 지배권을 장악하려 하는 것에 저항한 의병 활동(1905~1910년)도 있었어요.

그러나 그 어떤 노력도 조선을 수중에 넣기 위한 일본의 계획 앞에서는 무기력했어요.

그만큼 일본의 조선 침략은 치밀한 준비와 정교한 절차를 밟았던 반면, 조선의 근대화 노력은 계획성 있게 진행되지 못하고 우왕좌왕 했던 것이지요. 내키든 안 내키든 인정할 것은 인정해야 해요.

서구의 변화, 산업혁명

18세기 후반 서구 사회에서는 산업혁명이라는 어마어마한 변화가 일어나기 시작했어요.

산업혁명은 서구 세계를 농촌사회에서 도시사회로 변화시켰고, 근대 자본주의의 기초를 만들었어요. 세계사의 한 획을 그을 만한 변화가 일어났던 것이지요.

산업혁명 이전에는 대부분의 나라가 자급자족 경제형태로 살았어요. 농업이 가장 주된 산업이었으며 상업이 그 뒤를 이었지요. 제조

업은 기본적으로 가내수공업 단계에서 크게 벗어나지 못하였기에 생산성이 그다지 높지 않았고, 그 결과 사회에서 필요로 하는 재화의 수요와 공급이 어느 정도 적정선에서 균형을 이루고 있었어요. 그러나 산업혁명이 일어난 이후부터는 생산성이 급속히 향상되어 상품의 대량생산이 가능해졌어요. 자국의 시장 수요를 훨씬 넘어서는 상품의 과잉생산이 이루어진 열강들은 이제는 그 물품들을 안정적으로 판매할 소비처, 즉 식민지가 필요해졌어요.

식민지를 확보하면 과잉생산된 상품을 팔아먹을 수 있을 뿐만 아니라, 생산에 필요한 각종 원료와 원자재, 노동력을 저렴하게 공급받을 수도 있었고, 자국에 축적된 엄청난 잉여자본으로 식민지의 각종 이권 사업에 투자해서 많은 이익을 얻을 수도 있었어요.

자본은 원래 멈춰 있지 않아요. 좀 더 많은 이익을 찾아 끝없이 움직이는 것, 그것이 자본의 속성이지요. 이처럼 식민지 확보는 강대국에게 너무나 매혹적인 유혹이었으며, 식민지 확보가 당시로서는 경제발전을 위한 최선의 방안이었던 것이에요.

동양과 서양의 차이, 변화

식민지에 대한 서구 열강의 수요는 제국주의 모습으로 세상에 등장하게 되는데, 1900년에 이를 즈음이면 지구상의 모든 나라가 서구 제국주의 국가와 식민지 국가로 양분될 지경에 이르게 돼요.

즉, 1900년 무렵에 이르러 지구상에 사람이 사는 땅은 대부분 서구 열강들의 영향력 아래에 놓였어요. 이 시기에 강대국이 되기 위한 필수 조건은 식민지를 갖는 것이었으므로, 서구 열강들은 너도나도 식민지 확보에 총력을 기울였던 것이지요.

동양의 경우에도 19세기 중엽 전까지 서양의 손길이 뻗치지 않은 지역은 중국과 일본, 조선 정도에 지나지 않았어요. 그러나 중국은 아편전쟁(1839년~1842년)을 필두로 서양의 힘에 밀려 급속히 쇠락하기 시작했고, 일본은 버틸 때까지 버티다가 결국 미국과 조약을 체결(1854년)하면서 문호를 개방하기 시작했으며, 중국과 일본이 당하는 모습을 지켜보고서도 정신을 차리지 못했던 조선은 일본에 의해 강제적으로 조약을 체결(1876년)하게 되었어요.

동양과 서양의 역사 발전은 15세기를 분기점으로 하여 확연하게 차이가 나기 시작해요.

중세 사회체계에 균열이 가기 시작하면서, 서양은 15세기부터 19세기까지 400여 년 동안 르네상스, 종교개혁, 시민혁명, 산업혁명을 차례로 거치면서 근대화의 길로 나아갔어요.

그렇지만 동양은 아무런 변화가 없었어요.

왕조가 성립된 고대 이래 19세기 말까지 수천 년간 권력자의 교체(왕조의 성립과 몰락)라는 동일한 유형의 반복만 있었을 뿐, 새로운 형태의 사회 변화는 없었지요.

중세 봉건체제와 절대 왕정을 거치는 동안에도 서양에서는 과학·의학·기술·산업·상업이 체계적으로 발전했어요. 반면 동양에서는 이런 결과들이 제대로 만들어지지 않았어요.

권력에 눈먼 이들은 모두가 권력이 있는 방향으로 앞다투어 나갔으며, 권력을 취함으로써 재물과 명예를 얻었어요.

세상을 변화시키고 백성들의 삶의 질을 향상시키는 모습은 거의 존재하지 않았던 것이지요.

그 결과 동양과 서양이 본격적으로 만난 19세기 말에 이르러서, 동양과 서양은 사회체계·과학·기술·산업·군사력·정보력에 있어서 도저히 비교가 되지 않았어요. 헤비급과 플라이급 이상의 차이가 났던 것이에요. 이러한 모습은 중국과 일본은 물론 조선 역시 마찬가지였어요.

조선이 건국되던 14세기 말에는, 세계 여타 나라와 비교해도 조선이 크게 뒤진 것은 없었어요. 그러나 과학과 기술, 상업을 천시하며 중국을 세상의 중심으로 생각하고 유교경전을 지고지선의 성경으로 떠받드는 동안 조선은 빈껍데기의 나라로 전락해버린 것이지요.

서양 세력을 만나자마자 동양은 제대로 힘 한 번 써보지도 못하고 서양에 KO패 당했어요. 그 후 약 1세기가 흐르는 동안 수많은 역사적 변혁 과정을 거치면서 동양은 잠재적인 힘을 발휘하여 서양과 거의 대등할 정도로 일어서게 되었어요. 그러나 우리가 지금 살고 있는 세상은 서양 문명에 기반을 둔 것이 대부분이에요.

　민주주의라는 정치제도, 자본주의라는 경제제도, 금융제도, 사법제도, 교육제도, 복지제도 등 각종 사회제도는 물론이고 과학, 기술, 각종 문명이기들, 문화, 의복, 주택, 음식 등 생활의 거의 모든 면에서 서양화된 삶을 살고 있는 것이지요. 그러나 왕조시대의 동양 문명이 사람들의 욕망을 억제하는 데만 초점을 맞추었지 합리적으로 현실화시키는 데 실패했다는 점은 분명해요.

일본의 야심, 조선

　19세기 중반에 접어들면서 서양 세력이 동양에 진출하자 중국, 일본, 조선 세 나라 모두 여기에 대처할 필요를 느끼게 됩니다. 그리고 이들 삼국 모두 개국을 주장하는 개화세력과 현 상태의 유지를 원하는 수구세력 간의 갈등 과정을 겪어요. 그러나 그 결과는 달랐어요.

　중국과 조선은 변화의 필요성은 느꼈지만, 결국은 수구세력이 승리하면서 근대화 작업이 지지부진하게 진행되었어요. 그러나 일본은 개화세력이 승리하면서 치밀하게 근대화 작업을 진행했어요. 이 차이가 19세기 말부터 20세기 중반까지의 세 나라 역사를 결정짓게 되는 것이지요.

　일본이 근대화를 달성하고 제국주의적 모습을 띠기 시작할 즈음엔 대부분 지역은 이미 서구 열강들에 의한 나눠 먹기가 끝나 있었으며, 마지막으로 남아 있던 곳이 조선과 중국이었어요. 일본에서 보면 조선은 지리적으로 가장 가까운 나라예요.

게다가 조선은 정치적, 경제적, 군사적으로 일본에 한참 뒤처져 있었어요. 일본으로서는 고민할 여지 없이 조선으로 눈을 돌리게 되는데 그게 바로 '정한론'(일본 정부 내에서 메이지 유신 초기에 대두된 조선 침략론)이에요.

일본이 조선을 침략하려는 시도는 도쿠가와 바쿠후 시대에도 제기되었으나, 본격적으로 제기된 시점은 메이지유신을 전후한 때부터예요.

외무대승이었던 야나기하라가 조선을 무력으로 점령할 것을 주장하고, 사쓰마 군벌의 거두인 사이고 다카모리도 정한론에 가담했어요. 그러나 구미 제국의 발달된 자본주의와 근대 국가를 보고 귀국한 이와쿠라 사절단의 구성원들인 이와쿠라, 오쿠보, 이토 등은 일본 국력이 아직 미약하므로 내치를 충실하게 하는 것이 급선무라며 정한론은 시기상조라고 주장했어요.

이 두 파의 논쟁은 일단 시기상조파의 승리로 끝났지만, 정한론이 사라진 것은 아니었어요.

결국 일본 정부는 1875년 운요호사건을 일으켜 무력으로 조선의 개항을 이뤄낸 것을 시작으로 정한론을 구체화해 나갔어요. 일본은 정한론을 통해 메이지유신 후에 배출된 불평사족(메이지 정부와 유신의 공로자인 무사들)을 외지 전장으로 보내어 불만을 무마하고, 조선 침략으로 국민의 관심을 밖으로 쏠리게 하고자 했어요. 또한, 동시에 구미 열강에 자신들의 국력을 과시함으로써 일본이 구미 열강들과 맺고 있는 불평등조약을 개정하는 수단으로 삼고자 했어요.

조선을 식민지로 만들기 위해 준비하는 과정에서 일본은 먼저 오키나와부터 병합했어요.

원래 류큐왕국이라는 독립국이었던 오키나와는, 1879년의 이른바 류큐 처분으로 일본에 강제적으로 합병되는 운명을 맞게 됩니다.

1879년 메이지정부는 류큐국의 마지막 왕이었던 쇼타이 왕을 도쿄로 강제 이주시킨 다음 그를 후작으로 봉하고, 류큐왕국의 상징인 슈리성을 접수함과 동시에 류큐를 오키나와현으로 개명하여 일본의 영토로 병합해 버렸어요.

조선을 식민지로 만들려는 절차를 밟는 과정에서 일본은 타이완도 어렵지 않게 확보했어요.

조선에 대한 패권을 둘러싸고 일어난 청일전쟁에서 패한 청나라는 어쩔 수 없이 타이완을 일본에 넘겨주어야 했어요. (1895년 시모노세키 조약)

오래전부터 타이완에 눈독을 들여온 일본은 곧 타이완에 총독부를 설치하고 식민통치를 시작했어요.

청일전쟁의 승리로 조선에 대한 청나라의 영향력을 배제시킨 일본은, 뒤이어 러일전쟁으로 러시아마저 굴복시키고, 영국과 미국에 대해서는 외교적 협상으로 지지를 확보한 뒤, 드디어 조선 병합을 시도해요. 정한론이 결국은 현실화되는 것이에요.

1896년 3월, 청일전쟁을 마무리 짓기 위해 일본 시모노세키에 도착한 청나라 북양대신 리훙장은 바다가 훤히 내려다보이는 언덕 위의 고급 음식점에서 역사적인 시모노세키 조약을 체결하게 됩니다. 이 회담에서 일본은 조선의 독립국 확인, 랴오둥 반도 할양, 타이완과 펑후열도 할양, 배상금 2억 냥 등의 요구를 관철시켰어요.

그런데 여기서 조선이 독립국이라는 뜬금없는 대목이 나와요. 일본과 청나라가 조약을 맺는데 "조선이 완전무결한 자주독립국임을 확인한다."는 문구를 조약 제1조에 넣은 것이에요. 이런 황당한 문구가 들어간 이유는, 조선을 청나라의 세력권에서 떼어내 식민지로 만들기 위해서였어요.

이것은 조선을 식민지화하려 한 일본의 첫 작품이에요. 시모노세키 조약은 거시적 관점에서 보면 동아시아의 전통적 국제질서였던 중국에 대한 조공, 책봉 체제를 와해시키고 일본의 대륙 침략을 본격화하는 계기로 작용했던 것이지요.

'조선은 완전무결한 자주독립국임을 확인한다?' 아니 조선은 원래 자주독립국이 아니었던가? 어떻게 그런 문구를 조약의 맨 앞에 넣을 수 있단 말인가?

자존심 상하는 얘기지만, 조선은 완전한 자주독립국이 아니었어요. 조선은 중국적 질서 아래에 편제된 '조공국'이었으며, 정치적으로 중국의 영향력 아래에 있던 책봉국이었어요. 책봉이란 중국의 왕이 외국의 군주에게 왕이라는 작호를 주는 것을 말해요.

조선 침략을 위한 대외환경 만들기

조선을 식민지로 만들어 가는 일본의 두 번째 절차는 영일동맹(Anglo-Japanese Alliance)이었어요. 1895년 시모노세키 조약에서 확보했던 전리품인 랴오둥반도를(러시아가 주도하고 독일과 프랑스가 가세한) 삼국 간섭 때문에 포기해야 했던 일본은, 서구 열강과의 협력이 필요하다는 것을 뼈저리게 느꼈어요. 그런데 당시 1896년 아관파천 이후 고종은 친러시아 노선으로 급격히 돌아선 상태였어요.

삼국 간섭 이후 만주를 중심으로 조선에서 세력을 확장하던 러시아는, 일본은 물론 영국과 미국의 경계심을 고조시키고 있었어요.

특히 영국은 동아시아에 대한 러시아의 영향력 확대에 대해 극도로 민감하게 반응하고 있었어요. 이것을 눈치챈 일본은 영국과 러시아 사이에 이중적인 외교 플레이를 펼쳐가며 영국을 자극했고, 드디어 1902년 1월 원래의 목적이었던 영국과의 동맹을 체결해요.

일본은 당시 최강국이던 영국과 동맹을 맺음으로써 단번에 서구 열강과 같은 지위로 뛰어올랐으며, 영일동맹은 서구 열강이 한반도에서 일본의 우월한 지위를 인정한 첫 번째 조약이 되었어요. 그리고 조선을 식민지로 만들어나가는 과정에서 일본이 취한 두 번째 절차였어요.

영국을 자기편으로 끌어들인 일본은 이어 미국마저 자기편으로 끌어들이는데, 그것이 바로 가쓰라-태프트 밀약(The Katsura-Taft Agreement)이에요.

1905년 7월에 일본 총리 가쓰라 다로와 미국 루스벨트 대통령의 특사인 육군장관 태프트 사이에 비밀협약이 체결되었는데, 그 내용은 '미국은 일본의 한국 지배를 승인하며, 일본은 필리핀을 침략하지 않는다.'는 것이었어요. 미·일 양국이 미국의 대필리핀 권익과 일본의 대조선 권익을 상호 교환조건으로 승인한 것이지요. 미국과 일본이 필리핀과 조선을 나눠 먹은 것이 가쓰라-태프트 밀약이에요.

곧이어 일본은 일본의 한국 지배를 외교적으로 보장하는 '제2차 영일동맹'을 1905년 8월 영국과 체결했는데, 그 주된 내용은 '영국은 일본이 한국에서 가지는 정치적·경제적·군사적 이익을 보장하고, 일본은 영국의 인도 지배를 옹호하는 조치를 취한다'는 것이었어요. 영·일 양국이 영국의 대인도 권익과 일본의 대조선 권익을 상호 교환조건으로 승인한 것이지요. 그리고 같은 해 9월에는 포츠머스 조약(Treaty of Portsmouth)이 체결됩니다.

러일전쟁의 뒷마무리를 위해 열린 이 회담은 일본의 전권외상 고무라와 러시아 재무장관 비테 사이에 체결되었는데, 조약 내용 가운데 한국에 대한 일본의 지도·보호·감리권의 승인이 있었어요. 결국 이 조약으로 미국, 영국뿐만 아니라 러시아마저도 일본의 한국 지배를 승인하게 됨으로써 일본은 이제 한국 정부의 동의만 얻으면 한국의 주권을 침해할 수 있다는 보장을 받게 되었고, 그 결과 맺어진 것이 바로 을사늑약이에요.

일본이 한국을 보호국으로 삼으려 한다는 소문이 퍼져 한국의 조야(조정과 민간을 통틀어 이르는 말)가 경계를 하고 있는 가운데, 1905년 10월 일본 외무대신 고무라, 주한일본공사 하야시, 총리대신 가쓰라 등이 한국과 보호조약을 체결할 모의를 하고, 이어 11월에 조선에 도착한 이토의 진두지휘 하에 조선의 외부대신 박제순과 일본특명전권공사 하야시 사이에 이른바 을사늑약이 체결되었어요.

을사늑약 제2조에 의하면 "한국 정부는 금후 일본 정부의 중개를 거치지 않고는 국제적 성격을 가진 어떤 조약이나 약속도 하지 않기로 한다."라고 되어 있었어요.

이 조약에 따라 한국 정부는 외교권을 박탈당하여 외국에 있던 한국의 외교기관이 전부 폐지되고 영국, 청나라, 독일, 벨기에 등의 주한공사들은 우리나라에서 철수하여 본국으로 돌아갔어요. 이로써 한국은 국권을 강탈당해 형식적인 국명만을 가진 나라로 전락했어요.

그리고 이듬해인 1906년 2월에는 서울에 통감부가 설치되었고, 을사늑약 체결의 원흉인 이토가 초대 통감으로 취임했어요. 통감부는 외교뿐만 아니라 내정까지도 우리 정부에 직접 명령, 집행하게 하는 권한을 가지고 있었어요.

일본은 여기서 한 걸음 더 나아가 1907년에는 한일신협약을 체결해요.

을사늑약으로 외교권을 박탈하고 통감부를 설치하여 여러 가지 내정간섭을 하고 있던 일본은 헤이그 특사 파견 사건을 계기로 한층 강력한 침략 수단을 취하게 되는데, 그것이 바로 한일신협약으로 나타난 것이에요. 7개 조항으로 구성된 이 신협약의 비밀조치서에는 한국 군대의 해산, 사법권의 위임, 일본 차관의 채용, 경찰권의 위임 등이 주요 내용으로 기재되어 있었으며, 그중 가장 중요한 항목은 한국 군대의 해산이었어요.

구한말의 군대

군대 해산과 관련하여 조선 말의 군대에 대해서 살펴보면, 1895년 을미사변 이후 조선의 군제는 소도 방위를 위한 친위대와 친위대의 일부 병력을 차출하여 궁궐의 수비를 담당하게 만든 시위대, 지방의 질서 유지와 변경 수비를 위한 진위대로 편성되었고, 1897년에는 왕실 호위를 위해 약 630명으로 구성된 호위대가 편성되었어요. 친위대는 대략 3,000명 정도의 병력이었고, 시위대는 가장 병력이 많았을 때가 5,000명가량 되었으며, 지방에 주둔하고 있던 진위대는 2만 명가량 되었어요.

군대의 규모도 너무 작았지만, 문제는 당시 조선 군대의 규모가 아니었어요. 조선 군대의 전투력과 무기가 너무 형편없었던 것이에요. 군사력은 국가 존립의 최후 보루예요. 그런데 조선의 군사력은 나라를 지킬 능력은커녕 수도조차 제대로 지킬 수 있는 전투력을 지니지 못했어요. 게다가 조선 군대는 외세의 침략으로부터 국가를 수호한 것이 아니라, 침략자에 종속되어 그들의 침략적 도구로 이용되었어요. 조선 군대는 외세에 항거하기 위해 봉기한 동포들의 애국운동을 내란이라는 죄목으로 진압하는 매국적 소임을 수행했던 것이지요.

그리고 이런 군대마저 러일전쟁에서 승리한 일본에 의해 1905년 병력이 대폭 감축되었으며, 1907년 7월에는 한일신협약에 의해 해산되는 운명을 맞이하게 됩니다. 조선을 식민지로 만들려는 일본으로서는 아무리 별 볼 일 없는 군대일지라도 군대가 없는 편이 훨씬 나았기 때문이에요. 조선의 군대가 빛을 발하는 것은 역설적으로 군대 해산 이후부터예요.

내부적으로 점차 민족의식이 고취되어가던 조선 군대는 해산령이

떨어지자 그때부터 일제에 저항하는 방향으로 급선회하게 되는 것이지요.

이로써 조선을 식민지로 만들기 위한 일본의 모든 정비는 끝났어요. 일본은 청일전쟁의 승리로 조선에 대한 청의 영향력을 없앴고, 러일전쟁의 승리로 조선에 대한 러시아의 욕망을 잠재웠으며, 영일동맹과 가쓰라-태프트 밀약으로 영국과 미국의 동의를 확보하였고, 을사늑약으로 조선의 외교권마저 없애 국제사회에서 꼼짝할 수 없게 만든 다음, 한일신협약으로 조선의 군대마저 해산시켰어요. 이로써 한국은 사실상 일본의 식민지가 되었으며, 최종적인 확인 사살이 바로 한일병합조약으로 나타난 것이지요.

1910년 8월 22일, 서울 거리에 약 30m마다 일본 헌병들을 배치해놓고 순종 앞에서 형식상의 어전회의를 개최하면서 한일병합이란 안건을 이완용 내각이 결의하는 형식을 갖춘 다음, 그날 내각총리대신 이완용과 일본 통감 데라우치의 이름으로 이른바 한일병합조약을 조인했어요. 그러나 일본은 우리 국민의 저항이 두려워 조약 체결을 숨긴 채, 사회단체의 집회를 철저히 금지하고 원로 대신들을 연금한 뒤인 8월 29일 이를 반포했어요.

한일병합조약의 제1조는 "한국 황제 폐하는 한국 정부에 관한 일체의 통치권을 완전히, 또 영구히 일본 황제 폐하에게 양여한다."라고 되어 있었어요. 제2조에는 "일본국 황제 폐하는 전조에 기재한 양여를 수락하는 동시에 한국을 일본제국에 병합함을 승낙한다."라는 문구가 쓰여 있어요. 일본 황제가 조선이 일본에 나라 바치는 것을 '승낙'한다? 기가 막힐 일이에요. 이 문구만 보아도 조선 정부가 얼마나 한심한 저자세였고 일본이 얼마나 거만한 자세를 취했는지 알 수 있어요. 이로써 518년간 존속해온 조선 정부는 일본의 치밀한 계획적 침략 아래 문을 닫게 되었어요.

조선 말 1897년 10월 12일부터 1910년 8월 29일까지 약 13년간의 기간은 공식적으로는 대한제국의 기간이에요. 그러나 문패만 바꿔 단 대한제국을 굳이 조선왕조와 별도로 구분할 필요를 느끼지 못해요.

3

독립을 꿈꾸며

시련은 인간을 각성시켜요

일본의 식민통치에 저항하고 독립을 쟁취하려는 과정에서 우리 사회에는 과소평가할 수 없는 진전이 있었어요.

의병운동과 애국계몽운동, 3·1만세운동, 대한민국임시정부의 독립운동, 봉오동 전투와 청산리대첩, 신간회 활동, 의열단, 한인애국단, 광복군의 무장독립운동, 농민운동과 노동운동, 청년운동, 여성운동 등 수많은 자정 노력이 있었어요.

많은 학교가 세워지고 신식 학문이 도입되었으며, 의식 있는 젊은 이들은 해외로 나가 조선의 미래에 대해 고민하기 시작했어요.

일제강점기 말 상당수 언론인, 문인, 예술가들이 친일 행각을 벌이며 지식인의 나약함을 보여주기도 했지만, 그보다 알려지지 않은 훨씬 많은 이들은 춥고 배고픈 생활 속에서도 대륙의 밤하늘을 누비며 독립 투쟁의 최전선에서 청춘을 불태우고 있었어요.

이러한 시대적 상황은 광범위하고 근본적인 변화를 꿈꾸게 하는 실마리를 제공했어요.

잠자고 있던 민족의식이 살아나고, 새로운 세상은 어떤 모습이 되어야 할 것인지에 대한 화두가 생겨나기 시작했지요.

 **의사와 열사의 차이**

의사 [義士] – 의협심이 있고 절의를 지키는 사람(예: 안중근 의사, 윤봉길 의사 등)
열사 [烈士] – 나라를 위하여 절의를 굳게 지키며, 충성을 다하여 싸운 사람(유관순 열사 등)

사전적으로 풀이하면 위와 같지만,
독립운동사편찬위원회에서 《독립운동사》 편찬을 앞두고 항일 선열들의 공적을 조사할 때 대충 정해졌는데, 직접 행동은 안 했어도 죽음으로 정신적인 저항의 위대성을 보인 분들을 '열사'라고 하고, 주로 무력으로 행동을 통해서 큰 공적을 세운 분들을 '의사'라고 하기로 했어요.

1) 침략의 원흉을 저격하다

안중근 의사 [安重根 1879~1910]
1962년 건국훈장 대한민국장 추서

하루라도 책을 읽지 않으면 입안에 가시가 돋는다.

침략자의 가슴에 총탄을 쏘다

안중근의 할아버지는 진해 현감을 지낸 인수(仁壽)이며, 아버지는 진사 태훈(泰勳)이었어요.

태어날 때 배에 검은 점이 7개가 있어서 북두칠성의 기운으로 태어났다는 뜻으로 응칠(應七)이라 불렀어요. 이 이름은 해외에 있을 때 많이 사용했어요.

1884년 갑신정변(김옥균, 박영효, 홍영식 등의 개화당이 독립적

 **TIP 안중근의 명언**

"하루라도 책을 읽지 않으면 입안에 가시가 돋는다(一日不讀書口中生荊棘)"란 말을 안중근이 했다고 알려져 있는데, 실은 예전부터 전해지던 말이에요. 조선 후기에서 말기 사이의 작자 미상의 글인 〈추구 推句〉에도 나와요. 안중근은 그저 예전부터 전해지는 그 글을 붓글씨로 썼을 뿐이에요.

인 정부를 세우기 위하여 일으킨 정변을 이르던 말) 이후, 개화당의 일원 이었던 아버지가 황해도 신천군 두라면 청계동으로 피신했어요. 안중근은 이곳에서 아버지가 세운 서당에서 공부했으나, 사서오경에는 이르지 못하고 《통감》 9권까지만 공부했다고 해요.

 말타기와 활쏘기를 즐겼고, 집 안에 자주 드나드는 포수들의 영향으로 사냥하기를 즐겨 명사수로 이름이 났어요.

 1894년 갑오농민전쟁(1894(고종 31년)에 전봉준을 비롯한 동학도와 농민들이 일으킨 농민운동. 전라도 고부 군수 조병갑의 횡포와 착취에 농민들이 항거한 데에서 비롯되었다.)이 일어나 해주 감사의 요청으로 아버지가 산포군(산악 작전을 위하여 경포병으로 구성된 부대를 이르던 말)을 조직해 농민군을 진압할 때 함께 참가하여, '박석골 전투' 등에서 기습전을 감행, 진압군의 활동에 큰 도움을 주었어요.

 1895년 아버지를 따라 천주교에 입교하여 토마스라는 세례명을 받은 안중근은 천주교를 통해서 신학문에 관심을 가졌으며, 신부에게 프랑스어를 배우기도 했지요.

 한때 교회의 총대(전체를 대표하는 사람)를 맡았고, 뒤에 만인계(1,000명 이상의 계원을 모아 돈을 출자한 뒤 추첨이나 입찰로 돈을 융통해주는 모임)의 채표회사(만인계의 돈을 관리하고 추첨을 하는 회사) 사장을 지내기도 했어요.

 17세에 결혼하고 2남 1녀의 자녀를 두었어요.

> **TIP 독립운동가 집안**
>
> 안중근의 아버지 안태훈은 동학운동 후 쫓기는 신세가 되었던 김구 선생을 보호했던 것으로 유명해요. 이때 안중근 의사와 김구 선생은 서로 알게 되었는데, 나이가 비슷했지만 그리 친하지는 않았다고 전해져요.
>
> 사실 안중근 의사의 집안은 유명한 독립운동가 집안이에요.
>
> 어머니도 독립운동가였고, 그의 동생들도 독립운동가예요. 안중근의 동생들만이 아니라 안중근의 사촌인 안명근도 독립운동에 가담했고, 나중에는 독립운동을 위한 해외에서 활동하다 보니 대부분의 일가가 미국, 중국, 북한 등지로 뿔뿔이 흩어졌어요.
>
> 이 탓에 이들의 후손들 대부분이 외국에 살고 있으며, 안중근 의사의 유명세에 비해 이 집안에 대한 정보는 한국에 많이 알려져 있지 않아요.
>
> 안중근 의사의 고명딸 안현생 님만 해도 거의 알려지지 않다가 2010년 3월 25일에 알려졌는데, 주로 중국에서 살았으나 러시아로 망명했었다는 기록이 있어요. 해방 후에는 귀국해서 1953~1956년에 효성여자대학교(지금의 대구 가톨릭대학교) 불문학 교수로 재직했다는 기록이 있어요.

계몽운동 및 의병활동

1905년 을사늑약(조약)이 체결되자, 국권 회복운동을 하기 위해 상하이로 갔으나, 기대를 걸었던 상하이의 유력자들과 천주교 신부들로부터 협조를 거절당하고, 아버지의 죽음을 전해 듣고 다시 돌아왔어요.

1906년 3월 평안남도 진남포로 이사한 후 석탄상회를 경영하다가 정리하고, 삼흥학교(三興學校)를 설립하여 교육운동을 시작했어요.

삼흥학교는 뒤에 오학교(五學校)로 학교명이 바뀌었어요. 곧이어 천주교 계열인 남포 돈의학교를 인수했어요.

1907년에는 전국적으로 전개되던 국채보상운동에 적극적으로 호응하여, 국채보상기성회 관서 지부장으로 활동했어요.

1907년 고종의 강제 퇴위와 한일신협약의 체결, 군대 해산에 따라 전국적으로 의병이 일어나자, 독립 전쟁 준비가 필요하다는 생각으로 강원도에서 의병을 일으켰어요.

일본군과 싸우다 국외에서 의병 부대를 창설하기 위해 블라디보스토크로 가게 됐어요. 이곳에서 이범윤을 만나 의병 부대의 창설을 협의하는 한편, 엄인섭·김기룡 등과 함께 의병 부대 창설 준비단체인 동의회를 조직하고, 최재형을 회장으로 추대했어요.

이들은 연해주의 한인촌을 돌아다니며 독립 전쟁과 교육 운동의 필요성을 설득하고 의병을 모았어요. 의병 지원자가 300여 명이 되자 이범윤을 총독, 김두성(金斗星)을 대장으로 추대하고, 자신은 참모중장이 되었어요. 이어 두만강 부근의 노브키에프스크를 근거지로 훈련하면서 국내 진공작전을 준비했어요.

1908년 6월에 특파 독립대장 겸 아령 지구군 사령관으로 함경북도 경흥군 노면에 주둔하던 일본군 수비대를 격파했어요.

이후 본격적인 국내 진공작전을 감행하여 함경북도 경흥과 신아산 부근에서 전투를 벌여 전과를 올렸으나, 얼마 후 일본군의 기습 공격을 받아 처참하게 패배했어요.

이때 기습공격을 받은 이유는, 다른 사람들의 반대에도 불구하고 전투에서 사로잡은 일본군 포로를 국제법에 따라 석방해주었기 때문이라고 전해져요.

다시 블라디보스토크로 돌아와 의병을 일으키려고 했으나, 많은 사람의 비판을 받고 부대는 해체되었어요.

이토 히로부미 저격

1909년 3월 2일 노브키에프스크에서 함께 의병 활동을 하던 김기룡·황병길·강기순·유치현·박봉석·백낙규·강두찬·김백춘·김춘화·정원식 등 12명이 모여 단지회(일명 단지동맹)라는 비밀결사를 조직했어요.

안중근은 침략의 원흉 이토 히로부미를 암살하기로 하고, 3년 이내에 성사하지 못하면 자살로 국민에게 속죄한다고 맹세했어요.

9월 블라디보스토크의 〈원동보〉와 〈대동공보〉를 통해, 이토가 북만주 시찰을 목적으로 러시아의 대장대신(大藏大臣) 코코프체프와 회견하기 위하여 온다는 정보를 입수했어요.

하얼빈과 채가구를 거사 장소로 설정하고, 채가구에 우덕순과 조도선을 배치하고 그는 하얼빈을 담당했어요.

안중근과 거사를 함께한 유동하 선생의 증언에 의하면, 거사일 당시 안중근은 이토 히로부미의 얼굴을 몰랐다고 해요. 알고 있는 것은 대략적인 인상과 특징뿐이었는데, 이는 이토 히로부미의 조심성으로 일반에 노출이 잘 안 된 때문이지요.

시대적으로도 사진을 구하기 쉬운 세상도 아니었거니와, 이토 히로부미는 원태우 선생의 돌팔매에 머리가 터져 죽을 뻔한 일을 겪은 뒤, 자신의 사진이 나도는 것을 철저하게 막았던 점도 한몫했어요.

거사 당일(10월 26일) 환영단을 대동하고 나타난 일본인 고위 인사들이 너무 많아, 이토 히로부미로 특정하기 어려운 상황이 벌어졌어요.

그런데 이토 히로부미를 마중 나온 고위 인사들이 환영단의 한 노인에게 손을 흔들며 "이토 상! 이토 상!"이라 불렀고, 노인이 이에 손을 흔들며 반응했어요.

러시아 방문 환영단에 반응한 노인의 인상착의가 이토 히로부미와 일치한 사실을 확인한 안중근은 재빨리 총을 쏴 그를 쓰러트렸어요. 권총 세 발로 이토 히로부미를 저격한 안중근 의사는 러시아어로 "Корея! Ура! (까레야 우라! : 대한 만세! 까레야 우라! : 대한 만세!)"라고 외쳤어요.

안중근 의사의 거사 장면

러시아 검찰관의 예비 심문과 재판 과정에서 한국의병 참모중장이라고

일제에 조사를 받고 있는
안중근 의사의 모습

자신을 밝히고, 이토가 대한의 독립 주권을 침탈한 원흉이며, 동양 평화의 교란자이므로 대한의용군 사령관의 자격으로 총살한 것이며, 안중근 개인의 자격으로 사살한 것이 아니라고 거사 동기를 밝혔어요.

이렇게 러시아 관헌의 조사를 받고 일본 측에 인계되어 뤼순 감옥으로 옮겨졌어요.

관동도독부 지방 법원에서 여러 차례의 재판을 받는 동안 "나는 의병 참모중장으로 독립 전쟁을 했고 참모중장으로서 이토를 죽였으니, 이 법정에서 취조받을 의무가 없다."며 재판을 부정했으며, 자신을 전쟁 포로로 취급하여 줄 것을 요구했어요.

또한, 일본 검찰에게 이토의 죄상을 명성황후를 살해한 일, 1905년 11월에 한일협약 5개조를 체결한 일, 1907년 7월 한일신협약 7개조를 체결한 일, 양민을 살해한 일, 이권을 약탈한 일, 동양 평화를 교란한 일 등 15가지로 제시하고 자신의 정당성을 밝혔어요.

이토 히로부미가 저지른 15가지 죄목

1. 한국의 명성황후를 죽인 죄.

2. 고종 황제를 왕의 자리에서 내친 죄.

3. 을사늑약(조약)(5조약)과 한일신협약(7조약)을 강제로 맺은 죄.

4. 독립을 요구하는 죄 없는 한국인들을 마구 죽인 죄.

5. 정권을 강제로 빼앗아 통감 정치 체제로 바꾼 죄.

6. 철도, 광산, 농림, 산지를 강제로 빼앗은 죄.

7. 제일은행권 지폐를 강제로 사용하여 경제를 혼란에 빠뜨린 죄.

8. 한국 군대를 강제로 해산시킨 죄.

9. 민족 교육을 방해한 죄.

10. 한국인들의 외국 유학을 금지하고 한국을 식민지로 만든 죄.

11. 한국사를 없애고 교과서를 모두 빼앗아 불태워 버린 죄.

12. 한국인이 일본인의 보호를 받고자 한다고 세계에 거짓말을 퍼뜨린 죄.

13. 현재 한국과 일본에 전쟁이 끊이지 않고 있는데, 한국이 아무 탈 없이 편안한 것처럼 위로 일본 천황을 속인 죄.

14. 중국을 침략하여 동양의 평화를 깨뜨린 죄.

15. 일본 천황의 아버지를 죽인 죄.

이것은 이토 히로부미 개인만이 아니라 일본 제국주의 잘못을 조목조목 밝힌 것이에요.

재판을 받으면서도 한 치의 흐트러짐도 없는 올곧은 자세를 유지했으며, 사형 선고를 받고도 전혀 동요치 않은 채 독서와 집필에 매진해, '조선 최후의 자존심'이라 부를 만한 인물이었어요.

당시 국내외에서는 변호를 위한 모금 운동이 일어났고, 안병찬과 러시아인 콘스탄틴 미하일로프, 영국인 더글러스 등이 무료변호를 자원했으나, 일본은 일본인 관선 변호사 미즈노와 가마타의 변호조차 허가하지 않으려 했어요.

안중근 의사는 체포된 후 옥중에서 항소할 생각이 없었지만, 어머니보다 먼저 죽게 되면 불효라 생각하여 갈등했다고 전해져요.

사형 선고가 내려진 뒤, 안중근 의사의 어머니인 '조 마리아' 여사는 아들의 수의(염습할 때 시신에 입히는 옷)를 직접 지어 보내면서 편지를 한 통 보냈어요.

▶ 안중근 의사의 어머니 조 마리아 여사

어머니의 편지
네가 어미보다 먼저 죽는 것을 불효라고 생각하면
이 어미는 웃음거리가 될 것이다.
너의 죽음은 한 사람 것이 아닌
조선 전체의 공분을 짊어진 것이다.
네가 항소를 한다면 그건
일제에 목숨을 구걸하는 것이다.
나라를 위해 딴 맘 먹지 말고 죽으라!
대의를 위해 죽는 것이 어미에 대한 효도다.
아마도 이 편지는 어미가 쓰는

> 마지막 편지가 될 것이다.
> 네 수의를 지어 보내니 이 옷을 입고 잘 가거라!
> 어미는 현세에서 재회하길 기대하지 않으니
> 다음 세상에는 선량한 천부의 아들이 되어
> 이 세상에 나오너라.

그리고

1910년 3월 26일…

안중근 의사는 어머님께서 손수 지어서 보낸 수의를 입고 떳떳하게 운명을 받아들이셨습니다.

그의 나이 31세였습니다.

묘비 없는 묘지

1910년 2월 14일에 사형 선고를 받은 안중근은 이후 3월 26일 사형당해 뤼순 감옥 묘지에 묻혔어요. 안중근은 유언으로 자신의 유해를 하얼빈 공원에 묻었다가 고국이 해방되면 그때 고국의 땅에 묻어달라는 말을 남겼어요.

그가 사형당한 뒤, 두 동생이 유해를 인수하기 위해 찾아왔지만, 일본은 온갖 트집을 잡으며 유해를 넘겨주지 않았고, 결국 안중근은 고국이 해방을 맞이했음에도 돌아오지 못하고 있어요.

유해 회수에 실패했기에, 효창공원의 삼의사 묘역(윤봉길, 이봉창, 백정기)에 허묘(오랫동안 돌보지 않아 풀에 묻혀 폐허가 된 무덤. 여기서는 가짜 무덤)로 묘비도 없이 모셔져 있어요.

〈도마 안중근〉이라는 영화 때문에, 안중근 의사의 호가 도마라고 생각하는 사람이 간혹 있지만, 도마는 세례명이에요. 도마는 Thomas(토마스)를 한자식으로 발음한 것이에요.

안중근 의사를 기리기 위한 안중근 공원이 경기도 부천시에 있어요.

유해 발굴 시도

안중근 의사의 유해는 아직도 발견되지 않았어요.

해방 후 김구 선생은 삼의사의 유해를 찾으려 시도했으나, 암살당하며 흐지부지 끝나버렸고, 유해 발굴에 호의적이던 중국의 장제스가 국공내전에서 패배, 현지의 도움은 사실상 기대할 수가 없어졌어요.

또한, 뤼순 주변은 1930년대 이후 여러 차례 개간되어, 1910년대의 흔적은 찾을 수 없었고, 2008년 남북이 공동으로 진행한 발굴 사업에서도 결국 유해를 찾지 못해, 사실상 그의 유해가 고국으로 돌아올 가능성은 희박한 상황이에요.

2010년 3월, 정보통제 기간이 끝난 일본의 기밀정보 중 일부가 일반 정보로 풀리면서 일본이 안중근 의사 체포 이후 철저하게 감시했고, 재판에도 직간접적으로 개입하였다는 자료가 나왔어요.

그동안 일본은 안중근 의사의 체포와 이후의 심문과 사형에 이르는 재판 과정에 일체 개입하지 않았으며, 국제법에 따라 매우 공정한 재판을 진행했다고 주장해 왔으나, 공개된 자료를 보면 이를 정면으로 부정하는 내용이 다수 실려 있었어요.

결국, 사과의 의미로 유해 발굴에 협조하겠다는 공문을 보내왔고, 중국 정부도 당시 재판과정에 대한 책임을 마무리하기 위해 협력하겠다는 의사를 밝혔어요.

대한민국 정부는 이를 마지막 기회로 보고 한·중·일 공동유해 발굴단 결성을 추진하게 되었으나 이렇다 할 결실은 거두지 못한 채 흐지부지 끝나버렸어요.

호칭은 안중근 '의사'인가? 안중근 '장군'인가?

안중근 의사(義士) 또는 장군의 호칭 문제는 꽤 오래전부터 논의된 문제예요. 결론부터 말하자면, 그냥 둘 중 하나를 골라 불러도 괜찮아요. 2014년 현재, 대한민국 정규 교육과정의 교과서에서는 의사로 표기하고 있으며, 〈국방일보〉로 대표되는 군 간행물은 장군으로 표기하고 있어요. 이는 안중근 의사가 이토 히로부미를 사살한 후 1910년 2월 7일부터 14일까지 중국 뤼순 관동도독부 지방 법원에서 재판받을 때 "(나는) 대한의군 참모중장의 신분으로 적국의 장수 이토 히로부미를 죽였다."라며 "국제법에 따라 전쟁 포로로 대우해 달라!"고 강조했기 때문이에요.

교과서에서 의사로 가르치고 있으며, 아직은 '의사' 칭호의 인지도가 높아요.

 여기서 잠깐!

무장독립군 '날아다니는 장군 홍범도'

일본은 1905년 강제로 을사늑약을 맺어 우리나라의 외교권을 빼앗아 가더니, 2년 뒤에는 우리나라의 군대를 없애 버렸어요.

그러고는 이상한 법을 만들어 총이나 포, 화약 같은 무기를 단속하겠다며 나섰어요.

아랫마을 사냥꾼들이 총을 모두 빼앗긴 것도 일본이 마음대로 만든 법 때문이었어요.

사냥해서 먹고사는 사냥꾼에게서 총을 빼앗아 간다는 것은 굶어 죽으라는 이야기와 같았어요.

그날 밤, 홍범도는 사냥꾼들을 모두 모았어요.

"일본 놈들에게 총을 빼앗기느니 나는 내 총으로 그놈들을 모두 쏘아 죽이겠소."

"좋습니다! 우리 한번 싸워봅시다!"

이렇게 뜻을 함께한 사람들은 홍범도를 대장으로 의병부대를 만들었어요.

1907년 11월 22일, 홍범도 대장과 사냥꾼들은 후치령 고개를 올라 몸을 숨겼어요.

일본군이 무기를 싣고 그곳을 지나 북청으로 들어간다는 소식을 접하고 일본군을 기다리는 중이었지요.

"공격하라고 할 때까지 총을 쏘아서는 안 되오!"

홍범도는 사냥꾼들에게 각자 역할을 정해 주고 신중하게 기다리라고 당부했어요.

모두 숨을 죽이고 일본군이 모습을 드러내기를 기다리고 있었어요.

"왔다! 놈들이 보여!"

사냥꾼들 가운데 한 사람이 낮은 목소리로 말했어요. 정말 일본 군인들과 총을 잔뜩 실은 마차의 모습이 눈에 들어왔어요.

"지금이다, 공격 개시!"

홍범도가 이렇게 외치며 일본군을 향해 먼저 총을 쏘았어요.

"탕!"

사냥꾼들도 일제히 총을 쏘기 시작했지요.

"탕!, 탕!"

갑작스러운 공격에 일본군은 무척 당황한 듯 이리저리 도망가기에 바빴어요. 모두들 총을 가지고는 있었지만, 어느 쪽을 향해 쏴야 할지 몰라 우왕좌왕했어요.

"끝까지 쏴라! 한 놈도 살려 보내서는 안 된다."

홍범도 대장의 명령 소리는 사냥꾼 70명이 내는 총소리보다 더 컸어요. 이날 홍범도 부대는 뜻밖에 큰 승리를 거두었어요.

"이야! 우리가 일본군을 무찔렀다!"

사냥꾼으로 이루어진 의병 대원들은 기쁨에 겨워 서로를 얼싸 안았어요.

그 뒤, 자신감을 얻은 의병 대원들은 함경도와 평안도 일대에서 일본군과 경찰을 공격해 커다란 피해를 줬어요. 일본군 무기 창고에 불을 지르는가 하면, 일본군이 맡은 관공서를 공격하기도 했지요.

일본군은 홍범도를 '날아다니는 장군'이라고 불렀어요. 사냥을 다니며 곳곳의 지리를 샅샅이 익혀 둔 덕분에 싸우기 좋은 곳, 숨어 있기 좋은 곳을 아주 잘 알았지요.

하지만 이런 노력도 소용없이, 얼마 뒤인 1910년에 우리는 일본에 나라를 빼앗기고 말았어요. 그리고 무기를 구하기 어렵고 일본군의 힘이 더 강해지자 결국 러시아 연해주 지방으로 떠났어요. 그곳에서 우리나라 독립을 위해 부대를 만들고 고된 훈련을 하면서 일본군에 맞서 싸울 준비를 철저히 했어요.

그리고 약 700명의 독립군은 봉오동 계곡에서 전투를 벌여 심각한 타격을 입혔고, 이후 청산리 전투에도 참가하여 큰 승리를 거두었어요.

나라를 잃은 뒤 곳곳에 흩어져 있던 독립군들이 힘을 합쳐 얻은 값진 승리였어요.

청산리 전투

봉오동 전투 4개월 뒤인 1920년 10월, 일본군은 독립군을 잡겠다며 중국 땅인 간도로 쳐들어왔어요.

일본은 우리나라와 시베리아, 중국 관동 지방에 있던 군부대까지 모두 간도 지방으로 보냈어요. 세 곳에서 동시에 독립군을 둘러싸고 공격해 온 것이지요.

독립군 부대는 조용히 봉오동의 서쪽에 위치한 청산리로 모여들었어요. 김좌진 장군이 이끄는 부대와 홍범도 장군의 부대, 그리고 여러 독립군 부대들이 청산리에서 일본군과 맞서 싸우기 위해 모인 것이지요.

청산리는 백두산에 위치한 밀림 지역이에요. 빽빽한 나무들이 울창한 숲을 이루고 있어요. 독립군 연합 부대는 청산리 지형을 잘 이용한 작전으로, 수가 몇 배나 많은 일본군과 10여 차례에 걸쳐 싸워 큰 승리를 거두었지요. 무장 독립운동 가운데 가장 빛나는 승리로 평가되고 있어요.

2) 국민을 일깨워라

도산 안창호 [島山 安昌浩 1878~1938]
1962년 건국훈장 대한민국장 추서

낙망은 청년의 죽음이요.
청년이 죽으면 민족이 죽는다.

도산 안창호 선생이 태어났던 1878년은 고종 15년, 서서히 암흑의 나라로 들어가는 경술국치의 길목이었어요.

가난한 농부의 셋째 아들로 태어났으며, 12세 때 아버지를 여읜 후로는 할아버지 밑에서 성장했지요.

1895년(고종 32) 17세가 되던 해 서울로 상경하여, 언더우드가 세운 구세학당에 입학하여 서양문물을 공부하게 되었어요.

1898년 독립협회 관서 지부 주최로 열린 평양 연설회와, 같은 해 11월 종로에서 열린 만민공동회 연설을 통해 명성을 얻게 됐어요. 그러나 독립협회가 정부의 탄압을 받자, 고향인 강서로 돌아와 점진학교를 설립했어요. 이 학교는 우리나라 사람이 세운 최초의 학교로 남녀공학이었어요.

이후 부족한 지식을 채우기 위해 학교 운영을 가까운 친지에게 맡기고 미국으로 유학을 떠났어요.

1902년 샌프란시스코에 도착한 안창호는 이곳 교포들의 생활상을 개선하기 위해 1903년 친목회를 조직했으며, 로스앤젤레스로 이주한 뒤 교포 노동자들의 권익옹호와 생활 향상을 목표로 1905년 4월 5일 공립협회를 창립하고 회장에 추대됐어요.

이 공립협회는 1910년대 국민회의 창립으로 발전적 해체를 할 때까지 미국을 중심으로 한 교포 사회의 영사관 구실을 했어요. 안창호는 이때 야학을 설립하여 교포들의 교육에 힘쓰는 한편, 한글 신문을 발행하여 국내외 정보를 제공했어요.

을사늑약(조약) 체결 소식을 들은 안창호는, 공립협회 대표로 국내 사정을 살피는 한편 국내의 유지들과 반대 여론을 유도하기 위해 귀국을 결정했어요.

"저 사람이 그 유명한 쾌재정의 웅변가야?"

"그런가 봐. 뭐라고 하는지 한번 들어 보세. 쉿!"

도산 안창호가 연단 위로 올라서자 주위가 갑자기 쥐 죽은 듯 조용해졌어요.

안창호의 연설을 듣기 위해 모인 사람들은 일본에서 공부하고 있는 유학생들이었어요.

미국에 머무르던 안창호는 고국으로 돌아가는 길에 일본에 잠시 들른 터였어요.

당시 일본 도쿄에는 '태극학회'라는 애국 단체가 있었는데, 이 애국단체의 부탁으로 학생들 앞에 선 것이었지요.

안창호는 연설을 잘하기로 유명했어요.

특히 '쾌재정의 연설'은 무척 유명했지요. 미국으로 가기 전, 안창호는 고종 황제의 생일을 축하하려고 평양의 쾌재정이라는 정자 앞에 모인 사람들 앞에서 연설을 했어요.

그날 연설이 얼마나 감동적이었는지 연설이 끝나자 많은 사람이 눈물을 흘렸다고 해요.

"조선의 남자야! 여자야! 너희는 이 나라를 위해 무엇을 하고 있느냐?"

안창호의 힘찬 목소리에 유학생들은 깜짝 놀랐어요.

"나라를 위해 일을 하는 방법은 무척 다양합니다. 어떤 이는 총과 칼을 들고 하고, 어떤 이는 글과 입으로 합니다. 제 연설을 들으러 오신 분들은 지금 나라를 위해 귀로 일을 하고 계십니다."

안창호의 연설은 무척 쉽고 재미있었어요. 안창호는 미국에서 생활하며 느낀 점과 세계가 돌아가는 상황을 자세하게 이야기해 주었어요.

그리고 우리 민족에게 어떤 위기가 닥쳤는지 정확하게 짚어 주었지요.

"나라를 빼앗긴 책임을 이완용에게 돌리고, 일본에 돌리

조선 최초의 국비 유학생들

고, 양반에게만 돌리지 마십시오! 지금 이 자리에 선 여러분과 바로 내가 나누어져야 합니다. 바로 우리에게 책임이 있습니다!"

안창호의 힘 있는 연설에서는 나라를 사랑하는 마음이 그대로 느껴졌어요.

"대한 독립 만세!"

연설이 끝나자, 사람들은 누가 먼저랄 것도 없이 눈물을 흘리며 '대한 독립 만세!'를 외쳤답니다.

안창호는 일본의 국력과 비교해볼 때 조선의 독립은 시간이 많이 필요할 것으로 생각하고, 당장 시급한 일은 우리 국민의 실력을 양성하여 독립의 기초를 마련하는 일이라고 보았어요.

이를 위해서는 서양 국가가 물질문명을 이룩한 지식을 하루빨리 습득해 기초지식을 튼튼히 해야 한다고 생각했어요. 이를 통해 산업을 경영할 신민(新民-새로운 백성)을 길러 나라의 부를 쌓아야 한다고 보았으며, 이것은 점진적으로 이루어져야 할 것이라고 인식했어요.

중국과 러시아가 물러가고 일본이 우리나라에서 주인 노릇을 하고 있었지요. 또 몇몇 정치인들은 일본에 잘 보이려고 나라를 더욱 위태롭게 만들고 있었어요.

그때 우리나라에는 일본의 통감으로 이토 히로부미가 와 있었어요. 통감은 우리나라의 정치나 군사를 책임지고 맡아보는 사람을 말해요. 이토 히로부미는 우리나라를 일본 밑에 속한 나라로 만들려는 검은 마음을 숨기고, 안창호와 같은 젊은 사람들을 정치에 끌어들이려고 했어요.

'조선의 안창호라는 자를 슬슬 구슬려야겠군. 그자가 내 밑에서 일한다면 조선의 많은 애국지사들이 일본에 협조할 거야.'

하지만 안창호는 이토 히로부미와 함께 일하는 것은 일본에 나라를 팔아먹는 것과 같다며 강하게 반대했어요.

하루는 이토 히로부미가 안창호에게 회담을 하자고 했어요.

"안 선생께서는 전국 방방곡곡을 다니며 연설을 한다는데, 무엇 때문에 그러는 것이오?"

"과거에 그대가 일본을 위해 했던 일을 이제 내가 내 나라를 위해 하는 것뿐이오."

안창호의 대답에 이토 히로부미가 말했어요.

"나는 일생에 세 가지 목적을 가지고 있소. 한 가지는 일본을 강대국으로 만드는 것이오. 그 다음은 청나라를 강대국으로 만드는 것이오. 그리고 마지막이 바로 조선을 강대국으로 만드는 것이오."

이토 히로부미의 말에 안창호는 화가 치밀어 올랐어요. 하지만 끝까지 듣기로 했지요.

"동양의 세 나라가 힘을 합치면 얼마나 좋겠소? 나는 언제나 조선이 잘되기를 바라고 있소."

"허허허! 그것참 고마운 일이군요. 그러나 그대는 무엇이 진정으로 조선을 위하는 일인지 모르는 것 같소. 일본을 새롭게 만든 것이 일본인인 것처럼 우리 조선을 새롭게 만들어야 하는 것도 조선인이오!"
안창호는 더욱 힘찬 목소리로 말을 이었어요.
"만약 일본을 새롭게 하겠다고 미국이 일본 땅에 들어와 간섭한다면 그대는 가만히 보고만 있겠소?"
정곡을 찌르는 안창호의 물음에 이토 히로부미는 한참 동안 할 말을 잃었지요.
안창호는 원래 고국에서 잠시 머문 뒤, 다시 미국으로 건너가 그곳에서 나라를 위해 여러 가지 활동을 할 계획이었지요.
"선생님, 제발 이 나라를 위해 조금만 더 머물러 주십시오."
"지금 우리 민족에게는 선생님 같은 분이 필요합니다."
독립운동을 하는 동지들은 하나같이 안창호에게 더 머물러 달라고 부탁했어요. 결국 안창호는 동지들의 뜻대로 고국에 남기로 했어요.
그리고 동지들을 모아 일본에 대항하는 비밀결사 모임인 신민회를 만들었답니다.
1097년, 안창호는 평양에 대성학교를 세웠어요.
'이 나라를 바로 세우려면 인재가 있어야 해. 인재를 키우려면 무엇보다 교육이 필요하지.'
대성학교는 나라의 인재, 민족의 지도자를 키우려는 목적으로 세운 학교였어요.

한번은 이런 일이 있었어요.

안창호는 학생들에게 날마다 학교에 돌을 한 개씩 가지고 오게 했어요. 학생들은 아침에 등교할 때마다 가지고 온 돌을 운동장에 놓고 교실로 들어가곤 했어요.

'티끌 모아 태산'이라고 그렇게 며칠 동안 모인 돌은 꽤 많았지요.

그러던 어느 날, 학우회 회장을 맡고 있는 학생이 돌을 가지고 오지 않은 채 교실로 들어가려고 했어요.

안창호는 그 학생을 불러 세워서 이유를 물었어요.

"선생님, 오늘은 깜빡 잊어버렸습니다. 저는 학우회 회장이니까 한 번만 봐주세요."

안창호는 그 학생을 엄하게 꾸짖었어요.

"네가 학생 대표라고 해서 봐줄 수는 없다. 사내대장부답게 벌을 받도록 해라."

안창호는 벌로 그 학생을 돌무더기 옆에서 팔을 들고 서 있게 했어요.

"먼저 내 인격을 바로 세워야 이 민족이 바로 선다. 우리 가운데 훌륭한 인물이 없는 것은 훌륭한 사람이 되려고 마음먹고 힘쓰는 이가 없기 때문이다. 인물이 없다고 한탄하는 사람은 왜 자신이 그런 인물이 되려고 배우지 않는가?"

안창호는 학생들을 가르치기 전에 무슨 일이든 먼저 앞장서서 실천하는 모습을 보였지요.

학생들은 물론 독립운동에 앞장선 애국지사들에게도 진정한 지도자였어요.

안창호는 진정한 독립을 이루려면 교육만큼이나 나라의 경제력을 키우는 것도 중요하다고 생각했어요. 그래서 도자기 회사를 세우는 등 상공업 쪽으로도 힘을 기울였지요. 또한, 일제의 눈을 피해 만든 신민회 활동도 소홀히 하지 않았어요.

1909년 10월, 만주 하얼빈 역에서는 안중근 의사의 의거가 있었어요. 안중근 의사가 조선 침략의 핵심 인물인 이토 히로부미를 총으로 쏘아 사살한 의거였지요.

이 일을 핑계로 일본은 안창호와 같은 애국지사들을 잡아들였어요. 안창호도 일본 헌병에게 끌려가 감옥살이를 해야 했답니다.

감옥에서 풀려난 뒤 안창호는 미국과 상하이를 오가며 독립운동을 펼쳤어요. 또한, 능력 있는 청년들을 키우려고 미국에서 민족운동 단체인 흥사단을 만들어 청년들의 애국심을 일깨웠지요.

"여러분은 나라를 사랑합니까? 그러면 먼저 여러분이 훌륭한 인격을 갖추고 민족의 앞날에 대비해야 합니다."

도산 안창호 선생은 평생 우리 민족을 바르게 일깨우려고 애썼어요. 민족의 힘을 키우는 것만이 독립을 이루는 지름길이라는 것을 몸소 실천으로 보여 주었답니다.

미국에서 3·1운동 소식을 접한 안창호는 중국으로 건너가 상하이 임시정부의 내무총장 겸 국무총리 대리로 취임했어요. 대한인국민회로부터 2만 5,000달러를 지원받아 프랑스 조계에 임시정부 청사를 마련하고, 각 지역에서 독립운동을 펼치는 사람들을 만나는 등 활발한 활동을 펼쳤어요.

독립운동 방향을 작성하는 한편, 대외선전 및 문화 사업에도 착수하여 영자신문인 〈차이나 프레스〉에 한국의 소식을 연재하는 등 독립운동의 기초를 다졌어요.

11월 대한민국 임시정부가 수립된 뒤, 안창호의 준비론, 이승만의 외교 독립론, 이동휘의 무장 독립론으로 나뉘어 있던 임시정부는, 결국 이동휘가 1921년 1월 노령으로 떠남으로써 분열되었어요.

임시정부가 독립운동 노선에 따른 분열로 약화되어 주도적 역할을 수행하지 못하자, 현 상황을 극복하고 운동의 통일 방안을 논의하기 위해 국민대표 회의를 소집하자는 요구가 곳곳에서 제기되었어요. 이에 따라 1922년 5인으로 구성된 주비위원회 위원으로 활동했어요. 그러나 회의가 시작하면서부터 임시정부를 해체하자는 창조파와 임시정부를 유지하면서 개조시키자는 개조파가 대립했어요. 결국 안창호가 부의장직을 사임하고, 개조파가 대회 불참을 선언함으로써 국민대표 회의는 결렬되었어요.

중일전쟁이 시작되기 9일 전인 1937년 6월 28일, 수양동우회 사건으로 다시 일본 경찰에 체포되어 1937년 12월 24일 병보석으로 나왔으나, 경성대학 병원에 입원해 있다가 이듬해 사망했어요. 이후 서울의 망우리에 안장했다가 1973년 11월 도산공원으로 이장했어요.

도산 안창호 선생님 명언 모음

"나는 밥을 먹어도 대한의 독립을 위해, 잠을 자도 대한의 독립을 위해 해왔다.
이것은 내 목숨이 없어질 때까지 변함이 없을 것이다."

"진실은 반드시 따르는 자가 있고 정의는 반드시 이루는 날이 있다."

"낙망은 청년의 죽음이요. 청년이 죽으면 민족이 죽는다."

"아름다운 이성을 보는 것은 즐거운 일이다. 그 얼굴을 보고 싶거든 정면으로 당당하게 보고 옆에서 엿보지 마라."

"성격이 모두 나와 같아지기를 바라지 말라. 매끈한 돌이나 거친 돌이나 다 제각기 쓸모가 있는 법이다. 남의 성격이 내 성격과 같아지기를 바라는 것은 어리석은 생각이다."

"흔히 사람들은 기회를 기다리고 있지만, 기회는 기다리는 사람에게 잡히지 않는 법이다. 우리는 기회를 기다리는 사람이 되기 전에 기회를 얻을 수 있는 실력을 갖춰야 한다. 일에 더 열중하는 사람이 되어야 한다."

"나는 일본의 실력을 잘 안다. 지금 아시아에서 가장 강한 무력을 가진 나라다. 나는 일본이 무력만 한 도덕을 겸하여 갖기를 동양인의 명예를 위해서 원한다. 나는 진정으로 일본이 망하기를 원치 않고 좋은 나라가 되기를 원한다. 이웃인 대한을 유린하는 것은 결코 일본의 이익이 아니 될 것이다. 원한 품은 2천 만을 억지로 국민 중에 포함시키는 것보다 우정 있는 2천 만을 이웃 국민으로 두는 것이 일본의 득일 것이다. 내가 대한의 독립을 주장하는 것은 동양의 평화와 일본의 복리까지도 위하는 것이다."

동지에게 주는 글과 그 밖의 연설 등

- 내가 이에 간절히 부탁하는 바는 이것이외다. 여러분은 힘을 기르소서, 힘을 기르소서, 이 말씀이외다.
- 힘은 건전한 인격과 공고한 단결에서 난다는 것을 나는 확실히 믿는다. 그러므로 인격 훈련과 단결 훈련 이 두 가지를 청년 제군에게 간절히 요구하는 바이다.
- 네 가죽 속과 내 가죽 속에 있는 거짓을 버리고 성(誠)으로 채우자고 거듭거듭 맹서합시다.
- 진리는 반드시 따르는 자가 있고 정의는 반드시 이루는 날이 있다고 나는 믿소.
- 우리는 어디를 가든지 오직 정의돈수(情誼敦修) 네 글자에 의지해서 삽시다.
- 왜 우리 사회는 이렇게 차오. 훈훈한 기운이 없소. 서로 사랑하는 마음으로 빙그레 웃는 세상을 만들어야 하겠소.
- 세상의 모든 일은 힘의 산물이다. 힘이 적으면 적게 이루고 힘이 크면 크게 이루고 만일 힘이 없으면 도무지 일은 하나도 이룰 수가 없다. 그러므로 누구든지 자기의 목적을 달하려는 자는 먼저 그 힘을 찾을 것이다.
- 천사만려(千思萬慮)하여 보아도 우리의 독립을 위하여 믿고 바랄 바는 오직 우리의 힘이외다.
- 나는 우리 민족의 장래에 큰 소망을 가집니다. 나는 우리 민족의 본질에 대하여 조금도 비관을 품지 아니합니다. 우리는 넉넉히 대사업을 이룰 민족이라고 굳게 믿습니다.
- 속이거나 거짓말하지 아니하고 진실하여 신용의 자본을 동맹 저축합시다. 한 가지 이상의 학술이나 기술을 학수하여 전문 직업을 감당할 만한 지식의 자본을 동맹 저축합시다. 자기 수입에서 10분지 2 이상을 저금하여 적어도 십 원 이상의 금전의 자본을 동맹 저축합시다.
- 우리 청년이 작정할 것 두 가지가 있소. 하나는 속이지 말자, 둘째는 놀지 말자!… 이 말을 매일 주야로 생각하오.

- 부허는 패망의 근본이요, 착실은 성공의 기초외다.
- 우리 청년은 태산 같은 큰일을 준비합시다. 낙심 말고 겁내지 말고 쉬지 말고 용감하고 대담하게 나아갑시다.
- 공고한 기초 위에 좋은 건설이 있고 튼튼한 뿌리 위에 좋은 꽃과 열매가 있다.
- 우리가 무엇을 하든지 근거가 되는 바는 인격혁명(人格革命)이라고 생각합니다.
- 저는 우리 민족의 죄인이올시다. 이 민족이 저를 이렇게 위해 주는데, 저는 민족을 위하여 아무것도 한 일이 없습니다. 저는 죄인이올시다.
- 나랏일은 신성한 일이요, 신성한 일을 신성치 못한 금전이나 수단으로 하는 것은 옳지 아니하오.
- 아름다운 이성을 보는 것은 기쁜 일이다. 만일 그 얼굴을 보고 싶거든 정면으로 당당하게 바라보라. 곁으로 엿보지 마라! 그리고 보고 싶다는 생각을 마음에 담아 두지 마라.
- 우리가 세운 목적이 그릇된 것이면 언제든지 실패할 것이요, 우리가 세운 목적이 옳을 것이면 언제든지 성공할 것입니다.
- 우리는 자유의 인민이니 결코 노예적이 되어서는 아니 됩니다. 우리를 명령할 수 있는 것은 오직 각자의 양심과 이성뿐이라야 할 것입니다. 결코 어떤 개인이나 어떤 단체에 맹종하여서는 아니 됩니다.
- 위인이란 별 물건이 아니오. 위인의 마음으로 위인의 일을 하는 자가 위인입니다.
- 나는 나의 생명을 다하여 나의 오늘에 할 일을 오늘마다 다하여 보려고 힘씁니다.
- 안창호가 죽어서 한국이 독립된다면 죽으리라.
- 서로 약속한 것을 꼭 지켜야 정의(情誼)가 무너지지 않습니다. 만일 한다고 한 것을 그대로 안 하면 서운한 마음이 생깁니다. 그러므로 신의를 확수하는 것이 정의를 기르는 데 한 가지 조건이 됩니다.
- 나는 여러분의 머리가 되려 하지 않습니다. 여러분을 섬기러 왔습니다.
- 거짓말을 잘하는 습관을 가진 그 입을 개조하여 참된 말만 하도록 합시다. 글 보

기 싫어하는 그 눈을 개조하여 책 보기를 즐겨하도록 합시다. 게으른 습관을 가진 그 사지(四肢)를 개조하여 활발하고 부지런한 사지를 만듭시다.

만민공동회

서재필 박사가 주축이 된 협회 활동을 통해 자주적으로 나라 살림을 바로잡으려던 민중대회.

신민회

국권 회복을 목적으로 한 항일 비밀결사 단체. 국민을 새롭게 한다는 뜻.
1907년 일본은 신문지법과 보안법 같은 법을 만들어 우리를 탄압하기 시작했어요. 신민회는 이러한 분위기 속에서 양기탁·이동녕·이갑 등과 함께 만든 항일 비밀결사 단체였어요. 국민을 가르쳐 실력을 키우고 나라의 힘을 되찾는 것을 목적으로 삼았어요.
신민회 회원이 되려면 엄격한 심사를 거쳐야만 했어요. 회원들은 "나의 생명과 재산을 회의 명령에 따라 조국의 독립을 위해 바치겠다."라는 서약도 해야 했어요. 이렇게 엄격한 기준으로 모인 회원들은 전국에 걸쳐 8백 명에 이르렀어요. 신민회에서 가장 중요하게 생각한 것은 바로 교육이에요. 학교를 많이 지어 학생들을 가르치는 것이 또 다른 독립운동이라고 생각했어요. 신민회 회원들이 세운 학교 수만 해도 100여 개에 이른다고 하니 정말 대단하지요. 전국을 돌며 강연을 하고 책과 신문도 만들었어요. 의병들을 돕고 무관 학교도 세웠어요. 청산리 전투와 봉오동 전투에서 활약했던 장교들이 거의 무관 학교 출신이었어요. 하지만 아쉽게도 신민회는 1911년 없어지고 말았어요. 일제가 거짓으로 꾸민 '105인 사건(총독을 암살하려고 했다는 음모를 꾸며 애국지사 105인을 체포한 사건)'으로, 800여 명의 회원이 잔인한 고문을 받고 체포되면서 흩어지게 되었어요.

여기서 잠깐! 도산 안창호의 독립운동을 어떻게 볼 것인가?

　도산 안창호 선생님은 계몽운동에만 매진했는가? 이 질문에 우리는 '아니다.'라고 자신 있게 얘기할 수 있어요.

　평소 선생님은 기획력과 조직력으로 나라와 국민을 살찌우는 부흥운동이 독립운동의 길이라고 굳게 믿고 매진했어요. 그렇다고 도산 안창호 선생이 다른 행동(무장 투쟁이나 전쟁 등)에 대해 다소 소극적인 독립운동가는 아니었어요. 도산 안창호가 이야기하는 기획이나 조직력은 군대를 설립하기 위해서는 구체적으로 1인당 얼마의 자금이 필요하며, 최소한 이 정도는 준비하여 행동(전쟁 등)하자는 의미의 내용을 분명하게 지침서로 남겨 놓았기 때문이에요.

　도산 안창호는 이미 대한제국이 멸망하고 암울했던 시기에 미주 여러 지역에 분산된 한인 단체들을 모아서 만든 대한인국민회 활동에도 적극적으로 참여했어요.

　지금도 뿌리 깊게 활동하고 있는 흥사단을 창립해 민족운동을 담당할 지도자를 키우고 국민 계몽에 앞장섰어요.

　북미는 물론 하와이, 만주, 시베리아 등 그가 머문 곳에는 조직이 결성되고, 소식지 신문이 발행되었으며 나라의 독립을 위한 홍보에도 주력했어요.

　이런 고도의 전략으로 흩어진 해외 한인을 계몽하고, 자주적 국가 독립을 외쳤던 도산의 리더십은 지금도 우리에게 많은 것을 생각하게 합니다.

 **또 다른 계몽운동가, 신채호**

"대한의 백성들은 이제 좋은 가문도 노예가 되기는 마찬가지요.
드높은 담장의 훌륭한 집도 남이 사는 집이 될 것이오.
기름진 평야의 논과 밭도 다른 사람의 소유가 될 것이오.
상권도 남의 상권이요 공업도 남의 공업이니 대한의 백성들은 어떻게 살 것인가?
앞으로 하와이로 가서 미국에 붙어살까? 아니면 러시아 밑에 들어가 살아 볼까?
세상에 나라 없는 백성은 어디에 살든지
노예는 고사하고 생명을 지키기 힘들 것이오."

〈대한매일신보〉 중에서

'독립운동' 하면 무기를 들고 일제와 맞서 싸우는 게 떠오를 것이에요.
그런데 '애국계몽운동'은 잘 모르겠다고요?
사람들은 두 가지 방식으로 일제에 맞섰어요.
총과 칼로 무장하고 직접 일본군과 맞서 싸우기도 했지만, 글로 사람들을 일깨우기도 했지요.
여기서 말하는 것은 후자가 바로 '애국계몽운동'이에요.
애국계몽운동에는 지식인들이 앞장섰는데, 학교를 세워 신학문을 가르치고, 신문을 펴내 민족정신을 높여 민족의 힘을 하나로 모으려는 운동이었어요.
〈독립신문〉을 발간한 서재필 박사 등이 대표적이에요.

3) 전쟁 수행을 저격하라

매헌 윤봉길 [梅軒 尹奉吉 1908~1932]
1962년 건국훈장 대한민국장 추서

침략의 원흉에게 총탄을…

"천장절 기념행사라…, 훙커우 공원에서 열린단 말이지?"

신문에는 일본 왕의 생일인 천장절과 일본군의 승리를 축하하기 위해 일주일 뒤, 훙커우 공원에서 대규모 기념행사가 열린다고 나와 있었어요.

게다가 기사에는 "일본 사람은 점심 도시락과 음료수, 일장기를 가지고 참석하라."라고 적혀 있었지요.

'어쩌면 이것은 내게 주어진 기회가 아닐까?'

윤봉길은 그 길로 김구 선생을 찾아갔어요.

김구와 윤봉길은 의논 끝에 천장절 기념행사에서 의거를 하기로 결정했지요.

'일주일, 일주일 뒤라….'

이제 일본 놈들에게 복수할 기회가 생긴다고 생각하니 윤봉길은 가슴이 뛰었어요.

하루, 이틀… 시간은 평소와 다름없이 지나갔어요. 윤봉길은 천장절 행사 며칠 전, 김구가 이끄는 한인애국단에 들어가 조국의 독립과 자유를 위해 적의 장교를 죽이겠다고 선서했어요.

〈선서문〉
나는 적성(赤誠)으로써 조국의 독립과 자유를 회복하기 위하여 한인애국단의 일원이 되어 중국을 침략하는 적의 장교를 도륙하기로 맹세하나이다.

드디어 천장절 행사가 하루 앞으로 다가왔어요. 아침 일찍 일어난 윤봉길은 내일 행사가 열릴 홍커우 공원으로 발걸음을 옮겼어요. 공원은 이른 아침부터 행사를 준비하는 듯 한껏 들떠 보였지요.

윤봉길은 마음을 차분히 가라앉히고 행사장 곳곳을 눈에 담아 두었어요.

"거사에 성공하려면 준비를 철저히 해 두어야 하네."

김구의 말이 머릿속에 맴돌았어요.

'저 자리쯤 서 있으면 되겠군.'

윤봉길은 홍커우 공원이라면 이미 어디에 무엇이 있는지 눈을 감고도 알 수 있었어요.

그날 저녁, 김구를 만난 윤봉길은 집이 아닌 여관에 가서 하룻밤을 묵었어요.

윤봉길은 역사적 의거일인 1932년 4월 29일, 교포 김해산의 집에서 한인애국단 김구 단장과 함께 아침 식사를 했어요.

그는 식사가 끝난 후 물통으로 위장된 폭탄 한 개와 도시락으로 위장된 폭탄 한 개를 김구 단장으로부터 받아 하나는 어깨에 메고 하나는 손에 들었어요.

"이 시계는 한인애국단 선서식이 끝난 뒤 새로 산 시계입니다. 선생님 시계는 너무 낡았으니 제 것하고 바꾸시지요. 앞으로 몇 시간 뒤면 제겐 더는 필요 없으니까요."

윤봉길은 김구에게 자신이 차고 있던 시계를 주었어요.

김구는 자동차를 타고 떠나는 윤봉길에게 목메어 말했어요.

"훗날, 지하에서 만납시다."

윤봉길은 김구 단장의 전송을 받으며 택시를 타고 홍커우 공원으로 향했어요.

차에서 내려 수통으로 위장된 것은 오른쪽 어깨에서 왼쪽으로 걸고, 도시락으로 위장된 것은 오른손에 들고 홍커우 공원 정문을 들어서면서 중국인 문지기에게 일본인이라고 응대하며 통과했어요.

오전 7시 50분경, 공원 안으로 들어가 미리 정해 두었던 지점에 이르러 폭탄을 투척할 순간을 기다리고 있었어요.

당시 홍커우 공원 안에는 상하이 거주

윤봉길 의사의 유품인
도시락 물통 폭탄

일본인이 1만 명, 상하이 침략 일본군이 1만 명, 그밖에 각국 사절, 각계 초청자 등을 합하면 2만 명이 넘는 인파가 모여 성황을 이루고 있었지요.

그들은 중앙의 높은 단상을 중심으로 일본 관민이 질서정연하게 늘어서 있었고, 그 앞에는 일본 학생들이 늘어서 있었어요.

그리고 그 좌우에는 열병행사에 참가할 일본 육해군의 군대가 정예무장을 하고 늘어서 있었어요. 식단 뒤편에는 기마 헌병이 단상을 호위할 뿐만 아니라, 그 뒤로 수 미터의 간격을 두고 경비 병력이 이중 삼중으로 삼엄하게 경계하고 있었으며 그 뒤로 일반 군중이 모여 있었어요.

높고 넓은 단상 위에는 일본 침략군 사령관 시라카와 대장과 함대 사령관 노무라 중장이 중앙에 자리 잡았고, 그 좌우로 일본 제9사단장 우에다 중장, 주중 공사 시게미쓰, 거류민단장 가와바다, 주중 총영사 무라이, 민단간부 토모노 등 7명의 상하이 사변의 원흉들이 앉아 있었어요.

윤봉길은 미리 생각했던 뒤편 오른쪽 군중 속으로 들어가 투척 장소와 시간을 맞추어 의거의 최후 준비를 했어요.

오전 11시 20분경, 축하의 제1차 순서인 관병식을 끝내고 이어 제2차 순서인 축하식순으로 들어가 일본 국가가 제창되어 거의 끝날 무렵이었어요.

드디어 역사적인 순간(11시 50분경),

윤봉길은 도시락으로 된 폭탄을 땅에 내려놓고, 어깨에 메고 있던 수통(물통) 폭탄의 덮개를 벗겨 안전핀을 빼면서 앞사람을 헤치고 2미터 가량 전진하여 17미터 내외 떨어진 중앙 단상 위로 힘껏 던졌어요.
　폭탄이 그대로 노무라와 시게미쓰 앞에 떨어지면서 폭발, 천지를 진동하는 굉음을 내고 식장은 순식간에 아비규환의 아수라장으로 변했어요.

　결국, 상하이 침략의 원흉인 총사령관 육군 대장 시라카와는 전신에 24개의 파편을 맞아 신음하다 5월 24일 사망했고, 해군 총사령관인 제3함대 사령관인 해군 중장 노무라는 실명하였으며, 제9사단장 육군 중장 우에다는 다리를 절단하고서야 목숨을 건질 수 있었어요.
　그리고 주중 공사 시게미쓰는 다리가 부러져 절뚝발이가 되었고, 거류민단장이며 상하이 사변의 민간 원흉인 카와바다는 창자가 끊어져 즉사했어요.
　이 밖에도 단상에 있던 주중 총영사 무라이와 민단간부 토모노도 각기 부상하여 한 사람의 예외도 없이 의탄을 맞았어요.

　윤봉길은 얼른 정신을 차리고 땅에 잠시 내려놓았던 도시락 폭탄을 들어 올려 안전핀을 뽑으려는 순간,
　"저놈을 잡아라!"

어느새 일본 헌병들이 윤봉길을 향해 달려들었어요. 원래 계획으로는 남은 폭탄을 터트려야 했지만, 안타깝게도 그러지 못했어요.

경비를 맡았던 일본 군경(군인과 경찰)의 제지를 받았고 일본 군경들은 윤봉길을 총칼로 마구 찌르고 발길질을 해댔어요.

"대한 독립 만세! 대한 독립 만세!"

윤봉길은 일본 군경에게 맞아 피를 흘리며 끌려가면서도 있는 힘껏 외쳤지요.

의거 현장에서 윤봉길을 포박한 일본 군경은 윤봉길을 전시 군법회의 대상자로 상하이 일본군 사령부에 감금하고 혹독한 고문과 냉혹한 심문을 통해 의거 전말과 그 배후를 추궁했어요.

그러나 윤봉길은 '한인애국단' 김구 단장이 그 해 5월 10일 '홍커우 공원 작탄진상'이란 성명서를 통해 세상에 공포할 때까지 일체 배후와 사건 경위를 말하지 않았어요.

홍커우 공원 의거 직후 일본 군경에게 연행되어 가는 모습.

<윤봉길 의사가 아들에게 남긴 유서>

"너희도 만일 피 있고 뼈가 있다면

반드시 조선을 위해 용감한 투사가 되어라!

태극의 깃발을 높이 드날리고,

나의 빈 무덤 앞에 찾아와 한 잔의 술을 부어놓아라!

그리고 너희들은 아비 없음을 슬퍼 말아라!

사랑하는 어머니가 있으니….

어머니의 교양으로 성공한 자가 있으니,

그들은 동서양 역사로 보건대

동양으로 문학가 맹자가 있고,

서양으로 불란서 혁명가 나폴레옹이 있고,

미국에 발명가 에디슨이 있다.

바라건대, 너희 어머니는

그의 어머니가 되고

너희들은 그 사람이 되어라."

1932년 4월 29일 '훙커우 의거' 이틀 전
두 아들인 모순(模淳)과 담(淡)에게 남긴 유언 일부.

그리고 윤봉길은 1932년 5월 28일 상하이 파견 일본 군법회의에서 사형 선고를 받았어요.

사형이 확정된 후 윤봉길의 유서가 나돌자, 일본 헌병대에서 다시 윤봉길을 호출했어요.

그 자리에서 윤봉길은 자신이 쓴 유서를 확인해 주며 "현재는 우리나라가 힘이 약하지만 세계 대세에 의해 반드시 우리는 독립한다. 일본은 지금 열강이지만, 시든 나뭇잎같이 항복할 것이다."라고 말했어요.

12월 18일 가 나자와 형무소(교도소)
"탕! 탕!"
7시 27분 사수가 쏜 총에 맞은 윤봉길(당시 나이 25세)은 7시 40분 군의관이 절명을 확인하는 것으로 세상을 떠났어요.
사형집행은 보복적 차원에서 윤봉길의 의거로 죽은 상하이 파견군 총사령관 시라카와 대장의 사망 시간에 맞춰 실행됐어요.
일본은 무릎을 꿇어앉힌 채 처형함으로써 기개를 꺾으려 했지만, 윤봉길은 미소 띤 얼굴로 "무슨 말을 더하겠느냐"며 최후까지 의연했다고 전해져요.
사형장에서 집행과정을 기록한 녹사(명령이나 공문을 전달하는 일을 맡아보던 구실아치.) 다치무라 규베는 "범인은 말이 명료하고 미소를 짓는 등 담력이 극히 굳세고 침착했다"고 윤봉길의 태도를 '사형집행시말서'에 기술하여 육군 대신에게 보고했어요.

조국의 독립을 위해 자신의 목숨조차 아깝게 여기지 않았던 윤봉길 의사의 높은 뜻은, 우리에게 오래도록 소중히 기억하고 기억해야 할 것입니다.

의거 이후

윤봉길 의사가 훙커우 공원에서 폭탄을 던지던 날의 기록은 《백범일지》에 자세히 나와 있어요.

김구 선생님은 이날, 아침 식사를 하는 윤봉길의 모습을 마치 일터에 나가는 농군이 아침을 먹는 듯 아무렇지 않았다고 적었어요.

당시 일본은 중국에도 침략의 손길을 뻗치고 있어서 중국 역시 힘겨운 싸움을 벌이고 있었어요. 훙커우 공원의 폭탄 의거가 있고 나서 우리 독립군에 대한 중국 사람들의 태도가 많이 바뀌었어요. 그때부터 중국 정부는 상하이에 있던 대한민국 임시정부에 적극적인 지원을 아끼지 않았어요.

중국의 정당·군·민간단체 사람들도 우리 정부에 많은 도움을 주었지요.

만주 지역에서는 중국 의용군인 왕덕림·마점산 등이 우리나라의 독립군과 한·중 항일연합군이라는 군사 조직을 만들어 일본에 맞서 전투를 벌이기도 했지요.

의거가 있은 뒤, 중국의 정치가 장제스는 "중국의 백만대군이 이루지 못한 일을 조선의 한 청년이 해냈다니, 정말 대단하다."라며 감탄했다고 전해요.

하지만 놀란 것은 중국뿐만이 아니었어요. 전 세계의 눈과 귀가 상하이의 대한민국 임시정부로 모였지요. 해외에 흩어져 있던 동포들과 조선 땅에서 독립을 바라는 백성들은 형편이 좋고 나쁘고를 떠나 너도나도 임시정부에 도움을 주고 싶어 했어요. 결국 이렇게 모인 독립 기금은 이후 독립운동을 펼치는 데 귀하고 값지게 쓰였어요.

윤봉길 의사의 어린 시절

아버지는 윤황이고, 어머니는 김원상이에요.

1908년 몰락한 양반가에서 태어났어요.

6세인 1913년부터 큰아버지에게 천자문을 배우다가, 13세인 1918년 덕산 공립보통학교에 입학해요.

이듬해 3월 3일부터 4월 초순에 걸쳐 이 지방에서 일어난 3·1 만세운동의 민족적 분노를 직접 목격했지요. 이 충격으로 일제의 '제국신민'으로서의 자질과 품성을 교육하는 식민지 노예교육을 거부하고 학교를 자퇴했어요.

1920년경 신문과 〈개벽〉 같은 잡지를 통해 새로운 문화를 접하면서 동생 성의와 함께 최병대에게 한학을 배웠어요.
　1921년부터는 성주록이 개설한 오치서숙에서 사서삼경 등을 공부했으며, 뛰어난 시재를 보여 시문집을 쓰기도 했지요.
　1926년 서숙 생활을 마친 뒤 독학으로 국사와 신학문을 공부하고, 친구들과 교유하는 등 현실의 산 체험 속에서 농촌개혁에 눈을 떠갔어요.

농촌계몽운동

　1926년 오치서숙 동학들과 농촌계몽의 첫 시도로 문맹퇴치운동을 생각하고, 사랑방에 야학을 개설했어요. 이곳에서 한글·역사·산술(수학)·과학·농사지식 등을 가르쳤으며, 자신의 체험과 지식을 동원해 3편으로 된 《농민독본》을 저술했어요.
　제1편은 현전하지 않고(존재하여 전해지지 않음), 〈계몽 편〉·〈농민의 앞길〉 2편이 남아 있는데, 〈계몽 편〉은 예절 등 개인의 인간수업부터 시작해 민족의식과 민족정신을 비유법적으로 일깨워주고 있으며, 〈농민의 앞길〉은 농민과 근로자 중심의 이상 국가건설, 농민의 나아갈 길을 제시하고 있어요.

　또한, 독서회를 조직하고 계몽강연회와 토론회도 개최했으며, 수

암체육회(修岩體育會)를 설립해 운영함으로써 청소년들의 심신을 단련시켰어요.

1929년 2월에는 '부흥원' 낙성식을 기념하기 위해 개최한 야학아동 학예회에서 여우 같은 일본 제국주의 당국을 규탄하는 풍자극인 〈토끼와 여우〉를 공연하여, 공연 다음 날 덕산주재소(지금의 파출소)에서 조사를 받기도 했어요. 1929년 상부상조를 목표로 한 위친계를 조직했으며, 4월 23일 자작자급(자급자족의 뜻)으로 힘을 길러 갱생하자는 취지로 월진회를 조직하고 회장에 추대되었어요.

발족 당시 회원은 38명이었으며, 매월 10전씩을 회비로 거두어 야학회·강연회 개최, 농가 부업 장려, 소비조합 창설, 위생보건사업 추진 및 청소년체육발전 도모 등의 사업을 추진했어요.

중국 망명과 상하이 의거

1930년 3월 6일 '장부출가 생불환'(丈夫出家生不還)이라는 편지를 남긴 채 가족도 모르게 망명길에 올랐어요.

1931년 8월 대한민국 임시정부가 있는 상하이에 도착해, 프랑스 조계 내에 있는 안중근(安重根)의 동생 안공근의 집에 숙소를 정하고, 교포실업가 박진이 경영하는 말총 모자 공장에서 일을 하는 한편, 노동자 친목회와 노동조합을 조직하여 활발히 활동하면서 영어를 배웠어요.

<청년 제군에게>

피 끓는 청년 제군들은 아는가 모르는가.

무궁화 삼천리 내 강산에

왜놈이 왜 와서 왜 광분하는가.

피 끓는 청년 제군들은 모르는가.

되놈이 되와서 되가는데

왜놈은 와서 왜 아니가나.

피 끓는 청년 제군들은 잠자는가.

동천에 여명은 밝아지려 하는데

조용한 아침이나 광풍이 일어날 듯

피 끓는 청년 제군들아 준비하세.

군복 입고 총 메고 칼 들면서.

    1932년 김구가 이끄는 임시정부의 별동대인 한인애국단의 이봉창(李奉昌)이 일왕 히로히토에게 폭탄을 투척했으나 실패했다는 소식을 접했어요.
    이때 공장을 나와 공동조계 내 일본인 거리에서 야채상으로 적의 동태를 파악하며 새로운 활동을 모색했어요.
    그해 봄 임시정부의 김구를 찾아가 민족의 광복을 위해 몸과 마

1946년 7월 6일 윤봉길 의사의 국민장이 거행되는 모습.

음을 바치겠다는 결의를 밝혔어요. 1932년 상하이 사변이 일어나는 등 사태가 급격하게 진전되자, 김구는 침체에 빠진 항일투쟁의 새로운 활로를 타개하는 한편, 만보산 사건*으로 악화된 한국·중국 양국민의 민족 감정을 완화시킬 목적으로 상하이에 있는 일제의 군기 창고 폭파계획을 진행시켰는데, 이때 윤봉길 등 6명이 하역인부로 투입되었지요.

그러나 김홍일이 맡은 시한폭탄 제조가 지연되어 거사에 들어가기도 전에 정전(停戰, 전쟁 중인 나라들이 서로의 합의로 일시적으로 전투를 중단하는 일)이 됨에 따라 계획이 좌절되고 말았어요.

이후 김구는 일제가 상하이 훙커우 공원에서 일왕의 생일인 천장절에 전승 축하기념식을 개최할 계획을 세우고 있음을 알고 폭탄투척 거사를 준비했어요.

★만보산 사건: 1931년 중국 지린 성 창춘 교외의 완바오 산 부근에서, 한국의 이민자들과 중국 농민들 사이의 충돌 사건.

이 계획에 선발된 윤봉길은, 4월 26일 '조국의 독립과 자유를 회복하기 위하여 한인애국단의 일원'이 된다는 내용의 입단 선서를 했지요.

> **TIP** 자살용 폭탄이 아니라, 둘 다 터트리려 했다.
>
> 윤봉길 의사는 일본에 체포된 후, 증언에서 "29일 아침 자동차를 타고 신공원(홍커우공원)으로 가는 도중 자동차 안에서 손가락으로 보자기를 찢어서 구멍을 뚫었다. 구멍을 뚫은 것은 폭탄을 보자기에 싼 채로 발화용 끈을 당기기 위해서였다."고 밝히고, 한 개만 던진 이유에 대해서는 "상황을 보니 도저히 두 개를 던질 여유가 없었다. 물통 모양 폭탄에 끈이 있어서 던지기 쉽다고 생각하여 도시락 폭탄은 땅 위에 내려놓고 물통 모양의 폭탄을 던진 것이다."라고 대답했어요.
>
> 또한 유진만·이덕주 등이 시도한 우가키 카즈시게 조선 총독 암살계획에 윤봉길 의사도 참여한 것으로 드러나 눈길을 끌었어요.
>
> 윤 의사는 유진만과의 관계를 묻는 말에 "유진식(유진만의 이명)은 이봉창이 폭탄을 들고 찍은 사진과 김구의 이력서를 내게 보여준 후, '나는 이번에 암살을 위하여 조선으로 돌아가게 되었다'고 했고, 자신이 조선에 도착해 용건이 있으면 부를 테니까 오도록 하라고 말했다."고 설명했어요.
>
> 그러나 3월 말과 4월 초에 각각 국내로 잠입한 유진만과 이덕주가 4월 9일 황해도 신천에서 체포되어 암살계획은 실패하고 말았어요.
>
> 특히 윤봉길 의사는 신문 과정에서 일본의 조선 통치를 강하게 규탄하기도 했는데, "이번 폭탄 투척은 조선인의 각성을 촉구하고 세계 사람들에게 조선의 존재를 명료하게 알리기 위해서다."라며 "유럽대전(제1차 세계대전) 후 세르비아, 폴란드 등이 강국으로부터 해방된 것과 같이 세계대전이 발발하여 일본이 피폐하게 되면 그때 조선은 독립할 것이다."라고 밝히기도 했어요.

4) 3·1만세운동

유관순 열사 [柳寬順 1902~1920]
1962년 건국훈장 대한민국장 추서

**이름 없는 소녀의 처절한 외침
대한 독립 만세**

1919년 3월 1일, 서울 종로의 탑골 공원에 모인 수많은 사람은 저마다 손에 태극기를 들고 있었어요.

"우리는 이제 조선이 독립국이라는 것과 조선 사람이 자주 민족임을 선언하노라!"

학생 대표 한 사람이 팔각정에 올라 독립선언서를 낭독했어요.

낭독이 끝나자 사람들은 기다렸다는 듯이 "대한 독립 만세"를 외치기 시작했어요.

"대한 독립 만세!"

만세 소리는 마치 천둥소리처럼 울리며 전국으로 퍼져 나갔어요.

이때 유관순 열사는 이화학당 고등과 2학년이었어요. 상급생 언니들은 탑골 공원으로 나가고, 유관순과 친구들은 기숙사에 남아 있었어요.

"독립운동은 하루 이틀에 끝날 일이 아니야. 몇 년이 걸릴지, 어떤 희생이 따를지 아무도 모른다. 그러니 이번에 너희는 학교에 남아 뒷일을 기약해 주렴."

유관순의 머릿속에는 며칠 전에 만났던 상급생 언니의 당부가 떠올랐어요.

그때였어요.

어디선가 희미하게 독립 만세를 외치는 소리가 들려왔어요. 처음에는 모깃소리처럼 들려오더니 이내 커다란 울림이 되어 곳곳에서 끊이지 않고 들려왔어요.

"얘들아, 안 되겠다. 우리도 나가자!"

유관순의 말에 친구들은 너나 할 것 없이 우르르 따라나섰어요.

"대한 독립 만세!"

유관순과 친구들은 큰소리로 외치며 시내 쪽으로 나갔어요. 큰길로 나가기 전, 배재학당의 남학생들이 시민들과 학생들에게 태극기를 나누어 주었어요.

유관순과 친구들은 태극기를 양손에 받아들고 만세 행렬 속으로 뛰어들었어요.

이렇게 시작된 만세운동은 며칠 동안 계속해서 이어졌어요.

"이런 조선 놈들! 당장 모든 학교의 문을 닫으라고 해!"

불안해진 조선 총독부는 부랴부랴 학교 문을 닫게 하고 만세운동을 금지한다고 공표했어요.

학생들을 뿔뿔이 흩어 놓으면 만세운동도 곧 잠잠해질 거로 생각한 것이지요.

학교가 문을 닫자, 학생들은 수업이 언제 다시 시작될지 몰라 대부분 고향으로 돌아갔어요.

유관순도 사촌 언니와 함께 고향 집으로 내려갔지요. 만세운동으로 술렁이는 서울과는 달리 고향 천안은 아무 일도 없다는 듯 고요하기만 했어요.

"아버지, 서울에서는 많은 사람이 만세운동을 하다가 다치고 잡혀가고 난리가 났는데 여긴 왜 이렇게 조용해요?"

"아니다. 여기도 만세운동을 벌이려고 앞장섰던 사람들이 일본 헌병에게 잡혀가고 한바탕 시끄러웠단다."

아버지는 마을 주변에 일본 헌병들이 늘어났고, 조금이라도 의심스러운 사람들은 모조리 잡아간다고 말했어요.

"얼마나 감시가 심한지 만세운동은 꿈도 꾸지 못한단다."

유관순의 어머니도 고개를 절레절레 흔들었지요.

"언니, 우리가 여기서 만세운동을 일으키자! 고향으로 돌아간 학생들이 각자 자기 고향에서 만세운동을 벌인다면 그 힘이 엄청날 거야."

사촌 언니를 찾아간 유관순은 이렇게 말했어요.

"그래, 하지만 우리 힘만으로는 어림도 없어. 교회 어른들께 도움을 청하자."

유관순은 그 길로 사촌 언니와 함께 마을의 어른들을 찾아갔어요. 그리고 자신들의 계획을 말씀드렸지요.

"그렇지 않아도 나랏일에 뒷짐만 지고 있는 것 같아 마음이 불편했는데, 좋은 생각이다. 그런데 헌병들의 감시가 보통 심해야 말이지…."

"걱정 마세요. 다른 마을에 연락하는 일은 저희가 맡겠어요."

"아니, 너희가?"

"네, 저희는 학생이니 어르신들보다는 의심을 덜 받을 거예요."

이렇게 뜻을 함께한 사람들은 만세운동을 일으킬 날짜와 장소를 정했어요. 날짜는 음력 3월 1일, 장소는 아우내 장터였지요.

그때부터 유관순은 천안 구석구석을 다니며 마을마다 연락을 했어요. 20여 일 동안 쉬지도 않고 청주, 진천 등을 다니며 소식을 전했지요.

"어린 것이 정말 대단하구나! 좋다, 우리 한번 해 보자!"

"나라를 위하는 일인데 모두 들고 일어서야지!"

유관순은 발이 부르트고 물집이 잡혀 피가 났지만 마음만은 무척 행복했어요.

나라를 생각하는 마음은 모두 같다는 사실을 알았기 때문이에요.

드디어 음력 3월 1일을 하루 앞둔 날 밤이었어요. 유관순은 밥을 먹고 매봉으로 올랐어요.

유관순이 매봉 꼭대기에 봉화를 올리면, 준비가 끝난 마을마다 가장 높은 봉우리에 봉화를 올리기로 했기 때문이에요.

"나라의 큰일이 날 때마다 우리 조상들은 이렇게 봉화를 올려 힘을

이화학당 시절의 유관순 열사. (원 안)

모았지. 이번에도 우리 힘이 하나로 모여야 할 텐데….”

유관순은 간절한 마음을 담아 불을 붙였어요. 그리고 잠시 눈을 감고 이 일이 성공하기를 기도했어요.

그때였어요.

“불이다!”

“와! 누나 저기, 저기도 불빛이 보여요!”

유관순을 따라온 동네 아이들이 불빛을 발견하고 소리쳤어요.

맨 먼저 타오른 봉화를 시작으로 여기저기 할 것 없이 봉화가 올라오고 있었어요.

“하느님! 감사합니다. 정말 감사합니다.”

유관순은 타오르는 불빛들을 오랫동안 바라보았어요.

유관순 열사는 1902년 12월 16일 충청남도 목천군 이동면(지금의 충남 천안시 병천면)에서 3남 2녀 중 둘째 딸로 태어났어요. 유관순의 조부 유윤기와 숙부 유중무가 기독교를 받아들이면서 온 집안이

기독교를 신봉하게 되었고, 일찍이 교육의 중요성을 알고 있던 아버지 덕분에 유관순은 어려서부터 학교 교육을 접할 수 있었어요.

유관순은 12살 때 공주의 영명학교에 입학하여 2년간 공부하다가, 14살 때인 1916년 봄 기독교 감리교 충청도 교구 본부의 미국인 여자 선교사의 주선으로 교비 장학생으로 이화학당에 입학했어요.

이화학당에서 신학문과 기독교를 알게 되면서 유관순에게는 새로운 변화가 일어나기 시작했어요. 어려서부터 신앙생활을 해왔던 유관순은 하루도 거르지 않고 밤중과 새벽에 텅 빈 기도실에서 혼자 기도를 하며 신앙심과 애국심을 키웠고, 이화학당 학생들이 만든 독립단체 '이문회'에서 활동하면서 늘 나라를 위하여 무엇을 할 수 있을지 생각하곤 했어요.

그러다 1919년 3일 1일 각계각층의 가슴에 쌓인 울분이 폭발한 전국 규모의 총체적 운동이었던 3·1 만세운동에 참여하였고, 3월 5일에는 학생 연합 시위운동에 적극적으로 참여함으로써 서대문 형무소에 투옥되기도 했어요. 그러나 나이가 어린 학생이란 이유로 곧 석방되었고 3월 10일 일제의 전국적인 휴교령으로 인해 고향으로 내려가게 되었어요.

이때 고향에서는 이종성이 주동이 되어 만세운동을 계획했으나, 사전에 구금당해 실행하지 못했어요.

아버지의 주선으로 3월 9일 밤 예배가 끝난 뒤, 조인원·이백하 등 20여 명이 모인 자리에서 사촌 언니와 함께 서울의 상황을 전하고,

즉석에서 4월 1일(음력 3월 1일) 아오내 장날을 기해 만세 시위를 전개하기로 했어요. 안성·목천·연기·청주·진천 등의 마을 유지와 유림계를 규합하기 위한 연락원으로 선출되어 20일 동안 수백 리 길을 왕복하며 시위운동에 참여할 것을 설득했어요.

음력 2월 그믐달, 유관순은 매봉산에 올라가 만세운동을 알리는 햇불을 밝혔어요.

4월 1일 수천 명의 군중이 모인 가운데 조인원의 선도로 시위가 시작되자, 시위대 선두에서 대한 독립 만세를 목이 터지라 외쳤어요. 일제(일본 제국주의의 줄임말)의 무력진압으로 시위 도중 아버지와 어머니가 총에 맞아 사망하고, 자신은 주동자로 잡혀갔어요. 나이가 어리다는 점을 들어 석방하라는 여론이 빗발쳤어요. 이에 재판장은 만세 시위에 참여하지 않으면 석방하겠다고 했으나, 이 말에 분노한 유관순은 동의하지 않았어요. 공주지방법원에서 징역 3년형을 선고받았어요.

이에 불복하고 항소했으나 경성복심법원에서 기각되자 재판장에게 자신의 투쟁이 정당함을 역설하고 독립만세를 외치다 법정모욕죄까지 가산되어 징역 7년형을 받았어요.

일제의 모진 고문으로 인해 몸이 상했으나, 서대문형무소 복역 중에도 독립만세를 외치고 이 때문에 더욱 혹독한 형벌을 당해 건강이 더욱 악화되었어요.

1920년 음력 3월 1일 낮 12시, '대한 독립 만세'를 부르다 간수들에게 고문당했고, 이 고문으로 병이 심해져 병자가 있는 감방으로 옮겨졌어요.

  10월 12일 아침, 병든 몸을 일으켜 대한 독립 만세를 외치다 17세의 나이로 서대문형무소에서 옥사했어요.

> "내 손톱이 빠져나가고
> 내 귀와 코가 잘리고
> 내 손과 다리가 부러져도
> 그 고통은 이길 수 있사오나,
> 나라를 잃어버린 그 고통만은 견딜 수가 없습니다.
> 나라에 바칠 목숨이 오직 하나밖에 없는 것만이
> 이 소녀의 유일한 슬픔입니다."
>
>   - 유관순 열사의 마지막 유언 중에서

 ## 3·1운동과 고종

1919년 3월 1일에 대한민국이 일본으로부터 자주독립하기 위해 일으킨 민족 독립운동입니다. '대한 독립 만세!'를 소리 높여 외쳐 우리 국민들의 독립 의지를 전 세계에 알렸어요.

그런데 여기에는 보이지 않은 사실이 숨어 있어요.

1919년 1월 21일, 평소 건강했던 고종 황제가 갑자기 세상을 뜨자 국민들 사이에서는 일제가 아무도 몰래 죽인 것이라는 소문이 퍼졌어요. 우리 국민들은 분하고 원통해서 참을 수가 없었어요.

마침 고종 황제의 국장일(국가에서 치르는 장례)은 3월 3일이었어요. 당시 서울에는 고종 황제의 국장을 보려고 전국에서 많은 사람들이 올라와 있었어요. 그래서 그즈음인 3월 1일에 만세운동을 벌이기로 계획한 것이지요.

 ## 유관순, 3·1만세운동의 꽃

3·1 만세운동 당시 무명이었던 유관순 열사가 대중들에게 널리 알려진 건 해방 이후로 다음과 같은 과정에 의해서였어요.

1946년 이화학당 출신의 박인덕과 신봉조는 이화학당을 널리 알릴 인물을 찾았어요. 당시 이화학당의 후신인 이화여중의 교장으로 있던 신봉조가 동문 박인덕에게 '이화학당 출신 중에 국가와 민족에 공헌한 사람이 있으면 소개해 달라!'고 요청했어요.

이에 박인덕이 3·1 만세운동 때 순국한 유관순 열사를 제안하면서 널리 알리기로 하고 '유관순기념사업회'를 구성했어요. 그러나 많은 항일 학생운동가 중에서 유관순이 선택된 배경에는 학교를 홍보하려는 목적도 있었지만, 자신들의 친일행위를 덮으려는 목적이었다는 의혹이 있어요. 물론 이는 일부 학자들의 일방적인 주장이지만, 그렇다고 흘려버리기엔 문제의 소지가 있어요.

친일파들이 해방 후 생존하기 위한 방법 중의 하나였다는 것이지요.

그 주장은 다음과 같아요.

신봉조는 이화학당 출신으로 일제 말기에 전형적인 친일파 노릇을 한 것으로 알려졌어요.

'국민정신총동원조선연맹', '조선임전보국단' 등에 간부로 참여하여 한국인을 일제가 벌이는 전쟁터에 내보내는 데 앞장선 것이지요.

박인덕도 대표적인 친일파 김활란의 친구이자 신여성이었으며 엘리트였지만, 신봉조가 한 일과 별반 다르지 않았어요.

이후 해방이 된 뒤 자신들의 수치스런 친일 경력을 가릴 방패막이가 필요했어요. 이화학당 출신의 애국자를 발굴해 크게 부각시킴으로써 자신들의 죄과를 덮으려 한 것이지요. 거기에 딱 알맞은 인물로 유관순 열사가 선택된 것이에요.

따라서 그들은 유관순 열사를 실제 이상의 영웅으로 신화화하는 데 몰두했어요.

3·1 만세운동이 일어난 때, 우리 국민의 전체 숫자는 2천만 명에, 약 4분의 1이 만세운동에 참여했다고 알려져 있어요. 그렇다면 전국적으로 5백만 명이 3·1 만세운동에 참여한 것을 알 수 있어요.

또한 3·1 만세운동으로 목숨을 잃은 희생자는 박은식의 《독립운동지혈사》에 따르면 대략 7천5백 명이에요.

따라서 당시 사람들이 유독 유관순 열사만 특별하게 기억할 이유는 없다는 비판도 있어요.

유관순 열사는 3·1 만세운동 당시 수많은 지도부 중 한 명에 불과해요. 또한, 적극적으로 운동을 이끌고 옥사까지 당한 건 사실이나, 잔 다르크에 비견되는 수준으로 올라간 건 과대포장이 심하다는 주장이지요.

과대포장을 근거로 들어 유관순 열사의 업적을 헐뜯는 것은 잘못된 일이지만, 어린 소녀의 몸으로 온갖 고문과 협박에도 굴하지 않은 정신은 높이 평가되어야 할 점이에요. 그리고 이 외의 7천 500여 명의 이름 없는 열사들도 일제의 총칼에 희생되었다는 것을 우리는 기억해야 합니다.

5) 대한민국 임시정부

백범 김구(김창수) [白凡 金九 1876~1949]
대한민국 임시정부 주석,
교육자 겸 독립운동가, 통일운동가, 정치인

내 소원은 대한의 독립이오!

"네 소원이 무엇이냐?" 하고 하느님이 물으시면, 나는 서슴지않고 "내 소원은 대한 독립이오!" 하고, 대답할 것이다.

"그다음 소원은 무엇이냐?" 하면, 나는 또 "우리나라의 독립이오!" 할 것이요,

또 "그다음 소원이 무엇이냐?" 하는 세 번째 물음에도, 나는 더욱 소리를 높여서

"나의 소원은 우리나라 대한의 완전한 자주독립이오" 하고 대답할 것이다. … (중략)

내가 원하는 우리 민족의 사업은 결코 세계를 무력으로 정복하거나 경제력으로 지배하려는 것이 아니다. 오직 사랑의 문화, 평화의 문화로 우리 스스로 잘살고 인류 전체가 의좋게 즐겁게 살도록 하는 일을 하자는 것이다. 어느 민족도 일찍이 그러한 일을 한 이가 없었

> 으니 그것은 공상이라고 하지 말라. 일찍이 아무도 한 자가 없어 우리가 하자는 것이다. 이 큰일은 하늘이 우리를 위하여 남겨놓으신 것임을 깨달을 때에 우리 민족은 비로소 제 길을 찾고 제 일을 알아본 것이다.
>
> — 《백범일지》 중에서

황해도의 한 나루터 근처 주막은 사람들로 북적거렸어요. 그 가운데 김구도 있었어요.

김구는 한 일본 사람을 유심히 살피고 있었지요.

김구가 살피고 있는 사람은 자신은 황해도 사람이라면서 서울말을 쓰고 있었어요. 게다가 일본 장사꾼들이 자주 드나들어 굳이 조선 사람 행세를 하지 않아도 되는데 흰 두루마기를 입고 있었지요. 또한, 김구의 눈에 두루마기 안쪽으로 긴 칼집이 보였어요.

'혹시 저놈이?'

김구는 의심스러운 마음이 들었어요.

'어쩌면 국모를 죽인 일본 놈들 가운데 하나일지도 몰라.'

몇 달 전, 일본 사람들이 궁궐에 쳐들어와 조선의 왕비인 명성황후를 살해하는 일이 일어났어요.

이 슬픈 소식은 조선 땅 곳곳에 전해졌고, 김구 역시 슬프고 분한 마음을 가지고 있던 터였어요.

'저 놈을 죽여서 나라의 수치를 씻자.'

이런 생각이 들자 김구의 마음속에서 알 수 없는 용기가 솟아났어요. 어서 명성황후의 복수를 해야겠다는 생각뿐이었지요.

"에잇! 이 나라의 원수 놈아!"

김구의 갑작스러운 공격을 받고 쓰러진 일본인은 죽고 말았어요.

순식간에 일어난 이 일로 주막은 온통 난장판이 되었어요. 하지만 사람들은 모두 김구 편에 섰어요.

"어허! 거 참, 속이 후련하네."

"우리 국모를 죽인 놈들이야. 죽어도 마땅해!"

김구는 그 자리에서 이런 글을 적었어요.

"국모를 죽인 일본에 복수하려고 왜놈을 죽였다. 해주 텃골 김창수"

김창수는 김구의 본명이에요.

그 일이 있은 지 얼마 뒤, 김구는 집으로 찾아온 일본 경찰에게 붙잡혀 인천 감옥에 갇히고 말았어요.

"감히 우리 일본 제국의 경찰을 죽이고도 무사할 줄 아느냐?"

김구가 죽인 일본 사람은 일본 경찰이었던 거예요. 김구는 일본 경찰이 아무리 무시무시하게 고문해도 조금도 굴하지 않았어요.

얼마 뒤, 일본 경찰은 김구에게 사형 선고를 내렸어요.

"나는 죽음 따위는 결코 무섭지 않다."

사형 선고를 받은 뒤에도 김구는 전혀 죽음을 두려워하지 않았고, 당당한 모습에 일본 경찰들도 놀라고 말았어요.

그리고 이 소식을 들은 고종 황제가 "국모의 원수를 갚으려 한 것이니 김구의 죄를 특별히 사한다."라고 명을 내렸어요.

이렇게 해서 김구는 가까스로 목숨을 구하게 되었어요. 하지만 일본 경찰은 김구를 풀어주지 않았어요.

김구는 언제 풀려난다는 희망도 없이 오랫동안 감옥에 갇혀 있어야 했어요. 감옥에서 지내는 동안 김구는 많은 책을 읽었어요. 또한 글을 모르는 사람들에게 글을 가르치기도 했어요. "김구 덕분에 인천 감옥이 학교가 되었다." 사람들 사이에서는 이런 이야기가 오갔을 정도였어요.

감옥에서 나와 학교를 세운 김구는 다시 일본 헌병에게 잡혀갔어요.

일본에 김구와 같은 애국지사들은 눈엣가시와 같았어요. 그래서 잡아다가 고문하고 가둔 것이지요.

"네놈들에게서 나라를 되찾기 위해서라면 무엇이든 하마."

김구는 일본 놈들에게 당하며 이렇게 굳게 결심했어요. 드디어 감옥에서 풀려나는 날이 되었어요. 김구는 자신의 결심을 잃지 말자는 뜻에서 '백범'이라고 호를 지었어요. '백범'이란 '가장 천한 사람인 백정부터 평범한 사람까지 누구나'라는 뜻이지요.

여기에는 자신과 같은 천한 사람도 나라를 사랑하니, 평범한 백성 모두가 자신과 같이 나라를 사랑하기를 바라는 마음이 담겨 있었어요.

　3·1운동이 일어난 해인 1919년, 김구는 장사꾼처럼 행세하며 비밀리에 중국의 상하이로 건너갔어요.

　중국에서 일본의 감시를 받지 않고 좀 더 활발히 독립운동을 펼치기 위해서였지요.

"어서 오시게."

김구를 반갑게 맞이한 사람은 도산 안창호였어요.

"우리는 상하이에 임시정부를 세울 걸세. 김 동지도 한 자리를 맡아 주면 좋겠네."

"문지기라도 시켜 주시면 그저 만족하겠습니다."

　김구는 임시정부의 문을 열고 닫는 문지기가 되겠다고 했어요. 자신에게는 다른 동지들처럼 높고 중요한 위치에 오를 만한 능력이 없다고 생각했던 거예요.

　하지만 도산은 김구의 애국심이 얼마나 큰지 잘 알고 있었어요. 더욱 중요한 일을 맡겨도 열심히 해낼 거라고 믿었지요.

　당시 임시정부의 내무 총장을 맡고 있던 도산은 김구에게 경무국장을 맡겼어요.

　경무국장은 지금의 경찰 서장과 같은 위치예요.

　경무국장이 할 일은 일본 정탐꾼을 찾아내고, 우리의 젊은 청년들을 독립운동가로 키우는 것이었어요. 김구는 누구보다 그 일을 잘 해냈어요.

그 무렵, 김구는 하루 동안 생긴 일들을 낱낱이 기록했어요. 때로는 일기를 적으며 홀로 눈물을 흘리기도 했지요. 고국에 남아 있는 가족과 불쌍한 백성들, 우리 민족의 앞날을 생각하면 자신도 모르게 흘러내렸던 거예요. 이렇게 기록한 일기가 바로 해방 뒤에 책으로 나온 《백범일지》예요.

일본은 날이 갈수록 악독해졌고, 독립운동은 점점 어려워졌어요. 하지만 김구는 자신이 맡은 일을 한 치도 소홀함이 없이 해냈어요. 폭탄을 던져 일본 천황을 죽이는 일, 일본의 중요한 인물들을 암살하는 일 등을 계획하고 준비해 조용히 실행에 옮겼지요.

임시정부에서 김구가 맡은 책임은 점점 더 무거워졌어요. 마침내 김구는 오늘날의 대통령과 같은 주석 자리에까지 올랐어요.

김구는 나라를 위해 누구보다 중요한 일을 하면서도 언제나 자신을 보잘것없는 사람이라고 낮추었어요.

"독립된 나라에서 미천한 사람으로 사는 게 남의 나라에서 부귀를 누리는 것보다 좋다."

"우리 땅 위에 우리 조국이 서는 날, 나는 조국의 문지기가 되어도 좋다."

언제나 이렇게 외치던 백범 김구 선생은 해방을 맞은 뒤에도 우리 민족을 하나로 만들기 위해 많은 애를 썼어요.

대한민국 임시정부

1919년 3·1운동이 일어나고 독립에 대한 열망이 더욱 커져갔어요. 각지에 흩어져 활동하던 애국지사들도 독립된 정부를 세우는 것이 꼭 필요하다고 생각하게 되었어요. 하지만 당시 일본은 독립운동가를 모두 잡아 가두고는 모질게 고문했어요. 좀 더 활발하게 독립운동을 하기 위해 우리 애국지사들은 하나둘 나라 밖으로 나갔어요. 러시아 땅에 세운 대한국민의회와 중국 상하이 임시정부에 이어 국내에도 임시정부가 생겼어요. 그리고 이것을 모두 하나로 합쳐야 한다는 목소리와 함께 1919년 9월, 드디어 상하이에 대한민국 임시정부가 세워졌어요.

1940년에 대한민국 임시정부는 광복군을 만들었어요. 광복군은 비록 600여 명밖에 안 되는 작은 규모의 군대였지만, 외국에서도 인정한 우리나라의 정식 군대였어요. 광복군은 이듬해인 1941년, 일본에 정식으로 선전 포고를 하고 중국 곳곳에서 일본군과 맞서 싸웠어요. 이 밖에도 대한민국 임시정부는 독립군 활동을 지원하고 우리 민족의 독립 의지를 세계에 알렸어요. 1945년 해방을 맞을 때까지 우리나라의 독립을 위한 중심 역할을 단단히 해냈어요.

김구 선생님의 발자취

김구 선생님의 호(號)는 백범(白凡)이에요.

호는 백성을 상징하는 '백(白)'과 보통 사람이라는 범부의 '범(凡)' 자를 따서 지었어요.

19세 때 이름을 창수(昌洙)로 바꿨다가, 1912년 37세에 거북 '구'(龜)였던 이름을 아홉 '구'(九)로 바꿨어요.

몰락한 양반가에서 태어났으며, 과거에 응시했으나 낙방의 쓴맛을 봤어요. 이후 방황하다 동학에 심취했고, 불교에 귀의해서 법명 원종을 얻은 승려였으며, 신민회에서 활동한 감리교 신자였던 김구는 후에 천주교 신자가 되었고, 죽기 전에 병자성사를 받았어요.

천주교 세례명은 베드로예요. 양산학교, 보강학교 등에서 교육자로 교편을 잡기도 했으며, 해서교육총회 학무 총감으로도 활동했지요.

1919년 이후 중국 상하이에서 대한민국 임시정부에 참여하여, 의정원 의원, 경무국장, 내무총장, 국무총리 대리, 내무총장 겸 노동국 총판 등을 지냈어요. 외교 중심의 독립운동이 성과를 얻지 못하자, 1921년 임시정부 내 노선갈등 이후 일부 독립운동가들이 임시정부를 이탈하고, 만주사변 이후에 일본의 중국 침략이 본격화되면서 중국 여러 지역으로 임시정부를 옮겨 다녔어요.

1924년에는 만주 대한통의부 박희광 등을 통한 친일파 암살 및 주요 공관 파괴, 군자금 모집 등을 비밀리에 지휘하였고, 이후 '한인애국단'을 조직하여 이봉창의 동경 의거, 윤봉길의 훙커우 의거 등을 지휘했지요.

1926년 12월부터 1927년까지, 1930년부터 1933년까지 임시정부 국무령을, 이후 국무위원·내무장·재무장 등을 거쳐, 1940년 3월부터 1947년 3월 3일까지 임

임시정부 환국 기념 사진.

시정부 국무위원회 주석을 지냈어요.

  1945년 광복 이후에는 임시정부 법통 운동과, 이승만·김성수 등과 함께 신탁통치 반대운동과 미소공동위원회 반대운동을 추진했으며, 1948년 1월부터 남북협상에 참여했어요.

> "나는 우리나라의 청년남녀가 모두 과거의 조그맣고 좁다란 생각을 버리고, 우리 민족의 큰 사명에 눈을 떠서 제 마음을 닦고 제 힘을 기르기로 낙을 삼기를 바란다.
>
>   젊은 사람들이 모두 이 정신을 가지고 이 방향으로 힘을 쓸진대 30년이 못하여 우리 민족은 괄목상대(刮目相對)하게 될 것을 나는 확신하는 바이다.
>
>   내가 원하는 우리나라 : 나는 우리나라가 세계에서 가장 아름다운 나라가 되기를 원한다. 가장 부강한 나라가 되기를 원하는 것은 아니다. 내가 남의 침략에 가슴이 아팠으니 내 나라가 남을 침략하는 것을 원치 아니한다. 우리의 부력(富力)은 우리의 생활을 풍족히 할 만하고, 우리의 강력(强力)은 남의 침략을 막을 만하면 족하다. 오직 한없이 가지고 싶은 것은 높은 문화의 힘이다. 문화의 힘은 우리 자신을 행복하게 하고 나아가서 남에게 행복을 주겠기 때문이다…. (이하 생략)
>
>   — 《백범일지》 중에서

TIP 이순신 장군의 후손도 독립운동에 적극 참여

미국에서 설립된 교민단체 대한인국민회 기관지인 〈신한민보〉는 "길림성에 있는 우리 독립군 50여 명이 결사대를 조직하고 한국 경성에 들어가 부자들로부터 수십만 원을 구해 군비를 조달하다 왜놈에게 빼앗기고 11명의 독립군이 체포됐다."라고 전했어요.

〈신한민보〉는 이어 "이들은 안경식·차병제·리기원·리종옥·주국영·박기제·조규수 등등이다. 리종옥 씨는 수군통제사 충무공의 종손"이라고 보도했어요.

민족문제연구소는 덕수 이씨 충무공파 종친회에 족보 확인을 요청한 결과 족보에 올라 있는 13대 종손 이종옥이 맞으며, 만주의 독립군 양성학교인 신흥무관학교를 다닌 것으로 기록돼 있다고 설명했어요.

〈한민족독립운동사〉 자료집에는 이종옥의 장남 이응렬도 1942년 4월 14일 반일 언동(말)을 한 혐의로 용산경찰서에서 심문을 받았으며 "부친이 중국 군관학교를 졸업하고 독립운동을 했으며, 조선 전체가 일치단결하면 독립할 수 있을 것이라고 말했다."는 내용이 적혀 있다고 민족문제연구소는 전했어요.

민족문제연구소는 "그동안 단편적으로만 알려졌던 이종옥 선생의 독립운동 행적이 〈신한민보〉를 통해 드러났다."며 "충무공의 정신을 이어받아 자식(후손)들에게도 민족정신을 가르치려고 노력했던 것 같다."고 전했어요.

사회적 통합을 위한 정치적 지도력이 필요한 때

모든 역사적 사건에는 그만한 원인이 있는 법이에요.

우리에게 국가라는 공동체의 존립을 위협하는 요인으로는 내부의 적과 외부의 적이 있어요.

내부의 적 가운데 대표적인 것은 내분과 체제 모순이었고, 외부의 적은 다른 나라에 의한 무력 침입이에요.

나라가 외부의 적에게 무너지지 않고 지탱하려면 일정한 규모의 군사력과 그 군사력을 유지할 수 있는 경제력, 그리고 위기에 대응할 수 있는 사회적 구심점(사회를 통합할 수 있는 정치적 지도력)을 갖춰야 하는 것이 기본이에요.

그러나 조선은 이 세 가지 가운데 어느 것도 지니고 있지 못했어요.

군사력은 앞에서 살펴보았듯이 형편없었고, 경제력 역시 왕실과 특권 지배층의 곳간에만 재물이 가득했을 뿐 사회 전반적인 경제력은 미약했으며, 사회를 통합할 수 있는 정치적 지도력은 찾아볼 수 없었어요.

광해군 이후 인조반정과 붕당정치, 세도정치로 이어지는 과정에서 지배층의 권력이 사유화되었고, 조선 사회를 지탱해 온 유교 정치의 틀은 작동하기 불가능할 정도로 망가져 있었지요.

정치에 있어서 옳고 그름에 대한 판단은 이미 사라졌고, 조선의 핵심 지배층은 자신들의 이해관계에 따라 친일파·친청파·친러파로

분열되었으며, 왕실 역시 가야 할 방향을 잡지 못한 채 우왕좌왕 헛손질만 계속했어요. 먹이를 찾아 산기슭을 헤매는 하이에나처럼 열강들은 조선의 산림·광산·철도·통신 등 수많은 영역에서 이권을 챙기고 있었지만, 위기를 극복하고 조선의 미래를 열어갈 구심점은 어디에도 없었어요.

결국 조선은 세계의 흐름을 읽지 못해 근대화에 실패했고, 군사력도 경제력도 갖추지 못한 것이지요.

반면 일본은 왕정복고와 메이지유신을 거치면서 근대화에 성공했고, 상당한 수준의 경제력과 강력한 군사력을 확보했어요. 그런데 이 당시는 제국주의가 판을 치던 시대였어요.

제국주의 시대는 정글의 법칙이 난무하던 시대예요.

힘이 곧 정의이고, 식민지를 갖는 것은 강대국이 되기 위한 핵심적인 조건 가운데 하나였어요.

이렇게 된 책임은 누구에게 있을까요?

국권을 빼앗은 일본이 잘못일까요? 아니면 국권을 잃은 조선의 잘못일까요?

빼앗은 자는 가해자고 빼앗긴 자는 피해자이므로, 빼앗은 자가 나쁜 자라는 것은 삼척동자도 알 수 있어요. 그러나 이렇게 보는 것은 제3자가 객관적 시각에서 본 도덕적 판단일 뿐이에요.

우리는 제3자가 아닌 피해 당사자입니다. 당사자는 그런 도덕적 판단에만 머물러서는 안 됩니다.

일제에 의한 국권침탈이 잘못된 것임은 두말하면 잔소리예요.

문제는 일본이 아니라 우리 자신에게 있었다는 것을 먼저 인정해야 하지요.

단순히 을사늑약과 합방조약에 협력한 자들만의 문제가 아니에요. 세상의 흐름을 읽지 못하고 사리사욕만 챙기던 위정자들, 미래를 대비하려고 나름대로 움직이기는 했지만, 아무런 비전도 구심점도 만들어내지 못했던 지식인들, 부패한 왕조체제에 저항은 했지만 새로운 세상을 만들어낼 동력이 부족했던 민중들, 우리 모두의 공업(共業)이었으니 우리가 모두 문제였던 것이지요.

그러나 그 가운데서도 국정의 최고 책임자 자리에 있었던 왕실과 특권 지배층의 책임이 가장 크다 볼 수 있어요.

모든 의사결정권을 독점하고 있었으면서도 직무를 유기한 지배층에 가장 큰 책임이 있는 것은 당연한 것이에요.

그러나 어느 누가 있어 그 책임을 물을 것이며, 어느 누가 있어 그들을 심판할까요?

일제강점기와 해방 이후 이에 대한 책임 추궁도 심판도 없었어요.

그 이유는 국권을 상실하게 된 원인에 대한 자각이 없었기 때문이지요. 국권 상실은 오로지 부도덕한 일본 제국주의 탓으로만 생각했지, 우리 자신에게 더 근본적인 문제가 있었다는 자각은 없었어요.

국권 상실 전에는 국정 파탄에 대한 비난의 화살이 무능하고 부패한 지배층으로 향해 있었어요. 그러나 국권이 상실되자 그 화살은 곧바로 일본 제국주의로 향하게 되었지요.

이 사이에 국권 상실의 주범이었던 지배층은 슬그머니 빠져나갔어요.

당시의 지배층은 노론이에요.

인조반정 이후, 조선 후기 300년간은 노론이 나라의 집권 여당이었어요. 아무리 썩어빠진 지배층이라고 할지라도, 나라가 무너지는 상황에서는 최소한 다른 모습을 보였어야 마땅해요. 그들은 '수신제가치국평천하'를 입버릇처럼 되뇌었던 유교 신봉자들이었어요.

그러나 자기 자신과 가문의 영달에만 집착한 그들의 의식 속에 국가는 없었어요. 그들은 나라를 넘기는 일에 앞장섰으며, 더 나아가 일제에 협력해 그들의 귀족적 지위를 계속 유지하며 부귀영화를 누렸어요.

일제는 합방 직후인 1910년 10월, 일제에 협력한 자들에게 후작·백작·자작 등의 작위를 수여하였으며, 또한 거금 1,700만 원(오늘날로 치면 1조 원이 넘는 금액)의 은사금을 행세깨나 하는 주요 인물들에게 선물했고, 그들은 감읍해 했어요.

나라가 망하지 않는 게 오히려 이상할 지경이었던 것이지요.

조선이 망한 후, 독립운동에 나선 이들은 그동안 소외당하였던 재야 남인들과 소론 그리고 중인과 일반 국민들이었으며, 조선의 지배층이었던 노론은 그 대열에서 찾아볼 수 없었어요.

나라를 팔아먹은 자, 일제에 협력한 자들은 따뜻한 배를 만지며 일제의 탄압에 첨병이 되었어요. 하지만 절대 다수의 국민은 굶주린 배를 안고서 나라의 독립을 위해 싸웠어요.

3·1 만세운동과 의병활동, 임시정부를 세워 일제의 만행을 세계에 알리고자 했어요. 이마저도 하지 못한 사람들은 강제징집을 통해 전쟁터나 노역장에 끌려갔어요.

그리고 우리는 해방을 맞았으며, 일제에 협조한 친일파 및 친일잔재를 제대로 청산하지 못했어요. 침략의 후유증은 황폐해진 국토와 상처투성이의 몸으로 나타났으며, 여기에 6·25전쟁이라는 폭풍이 더해져 제대로 일을 할 수 없었기 때문이에요.

2013년, 아베 신조 일본 총리의 '극우 발언'과 일본 사회의 급속한 우경화 경향에 대한 국제 사회의 우려가 커지고 있어요.

일각에서는 일본이 "제2차 세계대전 때만큼이나 우경화되어 가고 있다."는 평가까지 나오고 있을 정도예요.

아베 정권은 평화헌법을 파기하고, 자위권을 넘어서겠단 야욕을 공공연히 하며, 개헌을 향해 질주하고 있어요.

일본의 이런 움직임은 북한발 위기와 묘한 조화를 이루며 동북아시아 전체를 군사적 긴장으로 몰아넣고 있지요.

일본의 직접적 침략을 경험했던 동아시아의 국가들은 일본의 이런 우경화 흐름에 매우 격렬히 반발하고 있지만, 아베 정권은 이에 아랑곳하지 않는 모습을 보이며 오히려 "침략에 대한 정의는 이뤄지지 않았다"는 적반하장의 태도를 보이고 있어요.

여기에 한국 언론은 아베를 '전범의 손자'라고 부르며, 대놓고 극단적인 혐오감을 표하고 있어요. 하지만 정작 아베가 전범의 손자라서 그렇다는 비판만으로 넘어설 수 있는 문제는 없어요. 오히려 주목해야 할 것은 아베와 같은 정치인을 낳은 일본 사회의 구조적 문제 그리고 그런 역사 인식의 기원과 맥락이지요.

일본 정치 지도자들의 역사 왜곡 발언은 반복된 것이 아니에요.
일본 정당 중 하나인 자민당 내 어떤 정파가 주도권을 잡느냐에 따라 달라지는 문제예요.
과거 무라야마 정권이나 민주당 정권 그리고 호소카와 총리 때는 역사 왜곡 발언이 없었어요. 야스쿠니 신사 참배와 같은 도발 행위는 자민당 정권에서만, 그리고 자민당 내 특정 파벌이 정권을 잡았을 때만 반복되는 문제예요.
일본에서 이 모든 것을 기획하고 진행하는 단체는 '일본회의'라는 곳이에요.
일본회의는 "신헌법을 통해 천황제를 부활시키고 자위대를 군대화해 동아시아의 패권을 잡아야 한다."라는 목표 아래 뭉친 일본 우익세력의 사령탑이에요. 이 같은 일본회의와 뜻을 같이하고 응원

하는 여야 의원들이 국회 안에 만든 조직이 '일본회의 간담회'예요.
 일본 정부의 각료 80%가 그런 일본회의에 속한 새 내각은 이른바 '일본회의 정권'인 셈이지요.

 자민당의 파벌은 크게 세 가지로 나눌 수 있어요.
 미야자와 파벌, 다나카 파벌, 후쿠다 파벌이 있어요. 이 중 가장 문제가 되는 건 후쿠다 파벌이에요. 후쿠다 파벌은 아베 할아버지와 같은 전범을 찬양하는 극우 인사들이 주를 이루고 있어요. 이들은 야스쿠니 신사를 참배하고, 한국과 대만에 대한 침략을 모두 긍정해요. 그런데 문제는 이들이 일본 사회 전체의 생각을 대변할 수 있는 세력이 아님에도 불구하고, 일본 정치권력을 잡는다는 점에 있어요.
 전체 표 수의 17%에 불과한데, 국회 과반수를 넘기는 선거 제도의 부조리함에 있지요.
 작년 12월 총선 역시 그런 상황이었는데, 법원은 그런 선거는 위법이라고 지적하기도 했어요.

 결론적으로 말하면 그것은 바로 현 일본 총리인 아베 때문이에요.
 원래 아베는 자민당 당수 선거에선 이시바 시게루에게 뒤졌어요. 이걸, 국회의원 투표에서 뒤집은 것이지요.
 자민당 내 마음은 상대적 온건파인 이시바 시게루를 택했던 것인데, 국회의원들이 사실상 이 결과를 뒤집으며 아베가 역전한 것이에요.

지금의 문제는 아베가 정권을 잡았기에 생긴 탓이 큰 것이지요. 아베가 단순히 전범의 손자라는 게 문제가 아니라, 그가 그의 할아버지인 키시 노부스케 같은 A급 전범을 범죄자로 보기는커녕 찬양하는 세계관을 갖고 있다는 점에 있어요.

> **TIP 카게노부(만주 일대를 맡은 일본 육군본부의 간첩)**
>
> 광개토대왕비의 탁본을 일본에 맨 처음 가져온 사람이 육군본부의 간첩이라는 사실이에요. 탁본에 대한 해석도 육군참모본부에서 하고, 일본 학자들은 그 후 아무런 비판 없이 이것을 정설로 받아들여 온 국민을 교육하고 있다는 사실이에요.

5
맺음말

제대로 된 역사 인식과 과제

역사는 되풀이됩니다.

다만, 시대적인 상황과 약간의 환경이 다를 뿐, 우리 역사에서는 자주 되풀이됐어요.

'왜구'라는 이름으로 우리 해안에서 도적질(고려, 조선 초)을 일삼더니, 임진왜란을 통해 대륙 침략의 야욕을 보였어요. 이후 일제강점기를 통해 실현되는 듯 보였지요.

그리고 100년 후 21세기 들어선 우리에게 일본은 사과는커녕 도발적인 발언과 자극적인 행동들을 보이고 있어요.

일제강점기를 시작하기 전의 분위기 조성이나 과정을 거쳤듯이, 일본의 일부 지도층이 앞장서 주변 나라에 도발하고 있는 것이에요.

그들은 군비(군대를 유지하고 무기를 구입하는 비용)를 확장하고 전쟁을 수행하기 위해 헌법을 바꿨어요. 자신들의 생각을 전파하기 위해 교과서를 왜곡하고 언론을 통제하여 자신들의 생각을 따르라고 강요하고 있지요.

일본의 지도자가 보여주는 행동과 말에도 불구하고 우리나라 일부 사람들은 이렇게 말하고 있어요.

"일본이 우리나라 경제발전에 이바지한 것은 인정해야 하는 것 아니냐?"

이 글을 쓰는 저는 '아니다.'라고 확실하게 말할 수 있어요. 그 이유는 "일본은 자신들의 전쟁을 수행하기 위해 우리나라를 이용한 것이지 경제하고는 상관없다. 이외 다른 부분도 마찬가지다."이기 때문입니다.

초기에는 갖은 이유를 대며 전쟁(청일전쟁, 러일전쟁 등) 비용을 확보하기 위해 우리나라의 자원을 수탈해 갔으며, 전쟁이 격화되자 젊은 남녀(병사 및 군수품)를 전쟁터로 끌고 갔지요.

심지어는 밥 먹는 숟가락과 솥, 불상 등을 전쟁 무기로 만들기 위해 빼앗아 갔어요.

그리고 이런 자원과 인력들을 전쟁과 관련된 곳에 실어 나르기 위해 철도를 놓았고, 각종 수탈을 위한 통제센터인 건물들을 세운 것이지요.

우리는 일본의 침략 전쟁을 수행하기 위한 자산이자 소모품으로 쓰인 것이며, 각종 시설은 자신들의 침략 계획을 원활하게 수행하기 위한 것이었다는 것을 저는 말하고 싶어요.

또한, 일제 식민지를 탈피하고 우리와 수교할 때는 배상은커녕, 오히려 한국에 남기고 간 일본인들의 재산을 내놓으라 하고, 식민지 지배가 가져온 이익에 대한 보상을 청구하겠다고 했어요. 결국은 돈이 없다는 우리의 약점을 이용해 청구권을 포기하게 하고 수교를 맺었지요.

그 막대한 침략 피해를 겨우 5억 달러, 그것도 2억 달러는 빌려주는 걸로 마감했어요.

일본이 지금 당장은 침략하지 않겠지만, 그런 환경을 만들고 있으며 자국의 국민들에게 자신들의 생각을 강요하고 있다는 점을 우리는 바로 알고 있어야 해요.

그래야 두 번 다시 일제강점기 같은 일을 겪지 않지요.

또한, 이렇게 도발을 감행하는 일본을 이기는 방법은, 각자의 위치에서 올바른 판단을 내릴 수 있는 학습(공부)에 있어요.

역사를 바로 알고, 기초 지식을 쌓아 논리적으로 대응하는 것이지요.

가장 좋은 예로 독도를 들 수 있어요. 일본은 제2차 세계대전 후 미국과 맺은 협정문을 내밀며 독도가 자기네 땅이라고 주장하고 있어요. 하지만 좀 더 깊이 들어가 보면 이 협정문은 효력 자체가 없어요.

이 협정문이 효력을 얻으려면 유럽 여러 나라의 동의를 얻어야 하는데, 그렇지 않은 미국이라는 특정 나라와 맺은 협정문에 불과하다는 것이지요.

이런 사실들을 자세히 알려면 우리는 학습을 멈추지 않아야 해요. 안창호 선생님이 느꼈을 마음을 21세기 여러분들이 해소해 주는 것이지요. 또한, 각자의 리더십을 길러 세상에서 꿈을 펼치는 것이에요.

만약, 박지성과 김연아 선수처럼 세계적인 사람이 일본의 침략 야욕을 꼬집는다면 그 영향력은 말할 수 없을 정도로 클 거예요. 물론 이런 상황이 오지 않기를 바라지만, 미래는 알 수 없어요. 그래서 여러분 각자가 꿈을 이뤄나가야 하지요.

그리고 우리나라에 위기가 닥쳤을 때, 안중근 선생님이나 윤봉길 의사처럼 세계에 외치는 것이에요.

"대한 독립 만세!"

"대한 독립 만세!"

그리고

이제 여러분이 성장하여 각자의 위치에서 기초를 바탕으로 삼고, 정의가 승리하는 시스템을 키워 나간다면 일본이 우리에게 도발하는 일은 없을 것이에요. 이제 백범 김구 선생님이 꿈꾼 우리만의 문화를 키우고 통일된 나라를 만드는 것이에요.

성장하고 있는 여러분이 자양분이 되어 강력한 21세기 대한민국을 만든다면, 주변의 그 어떤 나라도 우리를 함부로 대하지 않을 것이기 때문이지요.

더 이상 슬픔에 젖어 부르는 아리랑이 아니라, 기쁨에 겨워 부르는 아리랑을 만드는 것이에요.